標高8000メートルを生き抜く

登山の哲学

竹内洋岳 Takeuchi Hirotaka

NHK出版新書
407

標高８０００メートルを生き抜く　登山の哲学　目次

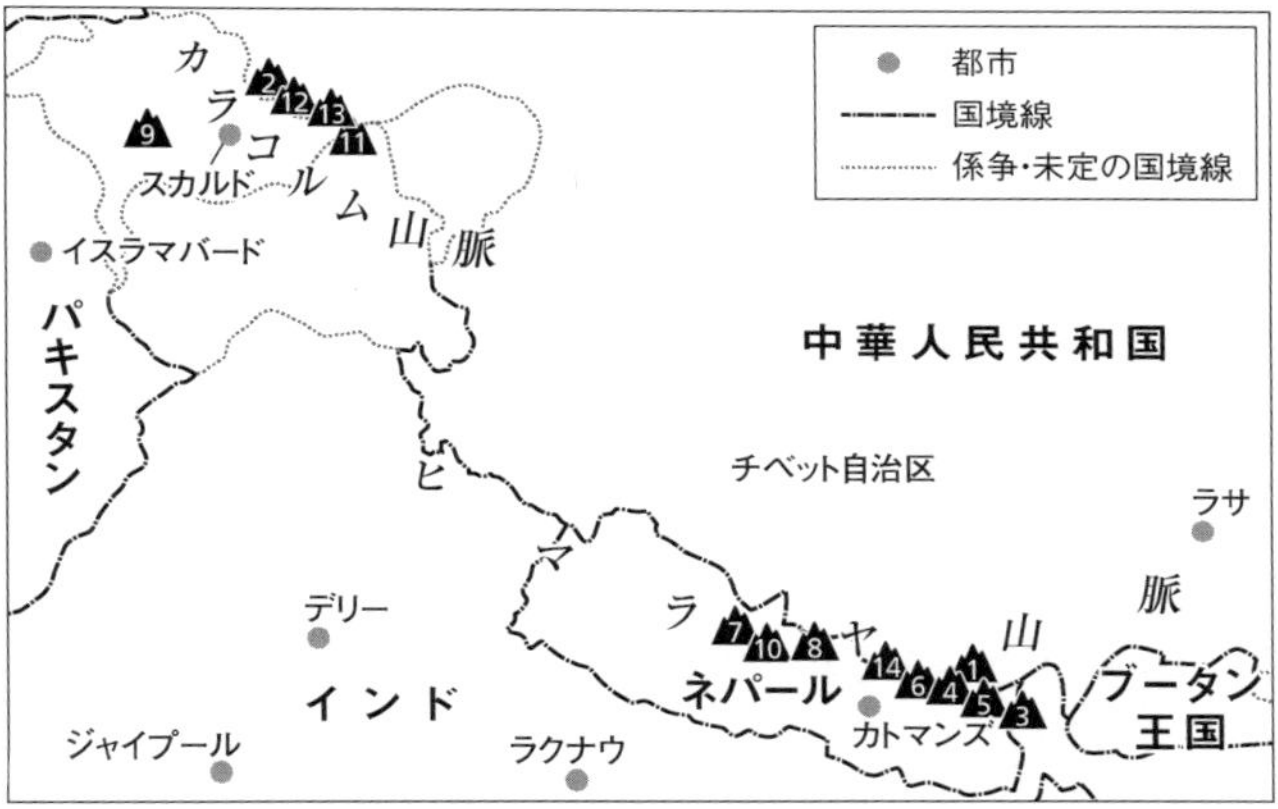

山名		標高	竹内洋岳 登頂日
1	エベレスト	8,848m	1996年5月17日
2	K2	8,611m	1996年8月14日
3	カンチェンジュンガ	8,586m	2006年5月14日
4	ローツェ	8,516m	2009年5月20日
5	マカルー	8,463m	1995年5月22日
6	チョー・オユー	8,201m	2011年9月30日
7	ダウラギリI峰	8,167m	2012年5月26日
8	マナスル	8,163m	2007年5月19日
9	ナンガ・パルバット	8,126m	2001年6月30日
10	アンナプルナI峰	8,091m	2004年5月28日
11	ガッシャブルムI峰	8,068m	2004年7月25日
12	ブロード・ピーク	8,051m	2008年7月31日
13	ガッシャブルムII峰	8,035m	2008年7月8日
14	シシャパンマ	8,027m	2005年5月7日

プロローグ――大雪崩の記憶

三〇〇メートルの大落下

それが音なのか、振動なのか、たしかなことはわかりません。山全体がクッと沈むような感じがしたかと思うと、数メートル先で一塊の雪がグスッと動いたのが見えた。次の瞬間、私は足元からバランスを崩していました。

登っていたのは、四五度以上ある雪の急斜面。上から雪が落ちてきたり、足元が崩れるのはよくあることです。体がごろりんと転がって落ち始めたときも、自分のまわりの雪が崩れただけだと思いました。

過去にも、小規模な雪崩《なだれ》に巻き込まれた経験が何度かあります。流されて、雪に埋まったこともありましたが、自力で脱け出せていた。その程度のことだろうと、私は楽観視していました。

体のバランスを失いながら想像していたのは、数秒後には三メートルほど下にある雪の吹きだまりのような場所にどてっと落ちている自分のこと。できるだけ怪我をしないように、いい体勢で落ちなきゃいけないな……。そんなことを考える余裕もありました。

しかし、私の体はそこで止まらなかった。

落ちていく加速度と、落ちている時間の長さで、それが小さな雪崩ではないことに気づきました。流されている、という感覚はありません。斜面を流されていれば接地感があるはずですが、それがない。空中に放り出されて落ちていく感じです。そして、ときどきどこかに打ちつけられて、弾むようにまた空中に放り出される。その繰り返しです。

落ちているのは、自分が今朝登ってきたルートのはずですから、地形の起伏もなんとなく記憶にあります。「いま、どのあたりにいるのだろう」「あそこで止まるかもしれない」などと、頭では意外と冷静に思いをめぐらせていました。その冷静さの中で、「これは、もう止まらない」とわかったとき、急に腹が立ってきたのです。

落ちるなら、「落ちるかもしれない」と思って落ちたかった。死ぬのであれば、「死ぬかもしれない」と思って死にたかった。雪崩の危険は考えていました。自分では雪崩をかわしたラインを登っているつもりでした。それなのに、雪崩に巻き込まれてしまった。落ちながら「助からない」と感じたとき、その状況に自分の想像が追いついていないことに、ものすごく腹が立ったわけです。

標高差にして、およそ三〇〇メートル。この雪崩で、ほぼ東京タワーの高さを私は転げ落ちました。実際に、どれくらいの時間だったのかはわかりません。ほんの数秒の出来事だったかもしれませんが、その間に何度も意識を失いかけながら自分に腹を立て、一方で家族や飼っている犬のことを思い出したりしながら、どこかで記憶が途切れたのです——。

「家族にメッセージを残せ」

雪崩に遭遇したのは、二〇〇七年七月一八日。ガッシャブルムⅡ峰（八〇三五メートル）に登っていたときのことです。五〇九〇メートル地点のBC（ベースキャンプ）を出発して、五九〇〇メートルのC1（キャンプワン）、六五〇〇メートルのC2と行程を進めた後、六九〇〇メートル付近のC3までのルートを工作中の出来事でした。

このときの登山は国際公募隊によるもの。同じ山に登りたいという目的を持つクライマーを世界中から募って少人数の登山隊を組む方法で、ヨーロッパの高所登山では一般的なスタイルです。

一〇人ほどで組まれた登山隊でしたが、体調不良やスケジュールの都合などで、途中で帰国したメンバーもいました。最終的に頂上を目指したのは、私、チームリーダーのディルク、ドイツ人のアーネ、オーストリア人のアーンツの四人。C3までのルート工作は、私が先頭を登っていました。そして、標高六九〇〇メートルあたりで起きた雪崩に、私たち四人は巻き込まれたのです。

それは、山の斜面のかたちが変わるほどの大きな雪崩でした。意識を取り戻したとき、自分の体が止まっていることはすぐにわかりましたが、「助かった」とは思っていません。なにしろ、目の前は真っ暗です。雪は意外に光を通します。浅いところに埋まっているのなら、どこかが明るかったりするし、明るいほうに体を動かせば、自力で出られることもあります。ところが、体はどこも動かない。ということは、おそらくデブリ（崩落した雪の塊）の深いところに埋まっているに違いない。

登山道具の一つに、プローブというものがあります。雪崩に埋没した人を捜索するときに使う、三メートルほどの長さの探り棒です。雪崩に巻き込まれれば、三メートル以上の深さに埋まることもあります。

雪山では、仲間が雪崩に巻き込まれて埋まったときは、なんとか一五分以内に捜《さが》して掘り出すようにします。生き埋めになった場合、雪は空気を含んでいますから、すぐには死にません。わずかな空気の中で、もがき苦しみ、そのうちに低体温症になったり、窒息したりして死んでいきます。つまり、埋まってから一五分くらいの間は、生きている可能性がある。その間に救出できれば、八〇％の確率で助けられると言われているのです。

そんな知識を思い出し、私は雪の中でまた腹が立ってきました。もしも自力で脱出できない深さに埋まっているのなら、誰も掘り出してはくれないだろう。ということは、あと一五分で自分は死ぬ。どうせ死ぬなら、このまま一五分も待っている必要なんかない。

と、怒りながら、おそらく錯乱して体をバタバタさせようとしたのでしょう。フッと、左手が動いたような気がしました。

「左手は、雪の外に出ている？」

そう思ったとき、現実が見えてきた。息ができないことに、そこではじめて気づいたのです。口の中いっぱいに雪が詰まっていました。「苦しい！」と、反射的に左手を口に持ってこようと雪を掘り始めますが、全然届かない。どんどん苦しくなってきて、もうダメだと思ったとき、口の中の雪が少し溶けて水がたまっているのがわかった。その水をゴクッと飲み込むと、わずかに口の中に隙間ができて、ちょっとだけ息ができた。

再び左手で掘り始めます。でも、掘っても掘っても、やっぱり口まで届かない。そのうちに、手はしびれて動かなくなり、体の感覚もなくなってくる。

「ああ、もう疲れたから、ちょっと寝ようか」

そんなふうに思いました。気を失いかけたのかもしれません。が、意識がなくなる前に、いきなり全身に激痛が走り、目の前が急に明るくなった。雪の上に出ていた私の左手を、誰かがつかんで引っ張り出したのです。

救出してくれたのは、C2にいた他の登山隊でした。雪崩の直後、みんな自分たちの登山をストップして、私たち四人の救出に駆けつけてくれたのです。私を引っ張り上げてくれたスイスの登山隊は、雪の上に左手と足の一部が出ていたと教えてくれました。しかし、うつ伏せの姿勢で埋まっていたため、私自身は光を感じることができずに、深いところに埋まったと思っていたのです。

C2に収容されたとき、私の片方の肺は機能しておらず、何度も呼吸が止まったそうです。そのたびに酸素マスクを当てたり、体勢を動かしたりしながら、呼吸を維持してくれたそうですが、私は錯乱状態でした。ワーワー、ギャーギャー叫びながら、とにかく怒って騒いでいたといいます。

C2には、たまたま山岳ガイドの資格を持っているドイツ人のドクターが来ていました。苦しむ私を見かねたのでしょう、彼は私にモルヒネを打ちました。そして、私の意識が少しはっきりしたときに、こう告げたのです。

「残念だが、おそらく明日までもたない。キミはもうダメだ。いまのうちに家族にメッセージを残せ」

どう答えたのか、自分でもよく覚えていません。覚えているのは、混乱した頭で、「助けなくていい、放っておいてくれ」といったことを何度も喚《わめ》いていたこと。

本当に、そう思っていたのです。

山でもらった新しい命

後になってわかったことですが、私の怪我は全身打撲で、片肺が潰れ、背骨の一つが破裂骨折、肋骨《ろっこつ》も五本折れていました。ドクターも、他の登山家たちも、そして私自身も、助かるとは誰も思っていなかった。雪崩から救助されたものの、命が助かったという喜びはまったく感じない。助かりもしないのに、ただ生きているだけという気持ちでした。

そして、何もできない自分に腹を立てていた。登山にリタイアという選択肢はありません。登頂できた場合でも、途中で引き返した場合でも、自力で下りて来るまでは終わらない。それが登山です。自力で下山できなかったときは、本来なら死んだときです。

自分の足で下りることができない。しかも、他の登山家たちに多大な迷惑をかけている。こんな状態の人間を下ろそうとすれば、下ろしてくれる人たちまで危険にさらすことになる。混乱しながらも、プロの登山家として自分を許し難いという気持ちが、「助けなくていい」という言葉となって口から出ていた。

しかし、翌日。助けられたことの重大さが、ようやくわかりました。搬送されるためにテントから外に運び出されたとき、雪の上に寝袋が置かれていたのです。中に人が入っているのは、かたちでわかります。そして、それが生きている人ではないということも……。

雪崩に遭遇した私たち四人のうち、チームリーダーのディルクは本流から少し外れた位置にいたため、大きな怪我を負うこともありませんでした。収容された私の様子を心配して、何度も見にきたりしていましたから、彼が生きていることはわかっていた。寝袋の中は、残る二人のうちのどちらか。

アーンツは、いまも見つかっていません。アーネは、発見されて救出されたけれども、助かりませんでした。寝袋の中のボディ（遺体）は、アーネでした。

命を落とした仲間がいる。それを知ったとき、私は思ったのです。あの雪崩で、自分が死んでいたかもしれない。現実に、自力で下りられなくなった自分は、この山で死んだにも等しい。それでもこうして生きているのは、命が助かったのではなく、助けてくれた人たちに新しい命をもらったということなのだ——。

標高六五〇〇メートルのC2では、空気が薄すぎてヘリコプターによる搬送ができません。一人では起き上がることもできない私の体は、スイスの登山隊のレスキュー専門のガイドたちの力で、ソリに固定されたままC1まで運ばれました。

ソリに乗っている間、デコボコに凍った雪の斜面に背中を突き上げられるたびに、猛烈な痛みを感じて私は叫び声を上げ続けていました。その激痛に耐えながら、私は心の中で何度も繰り返していました。

「絶対に生き延びて、必ずここに戻ってくる」

それでも高所登山はおもしろい

地球の上には標高八〇〇〇メートルを超える山が一四座あります。二〇一二年五月二六日、私はダウラギリI峰（八一六七メートル）の登頂に成功し、目標としていた一四座完登を果たしました。

八〇〇〇メートル峰のすべてに登頂した登山家は〝14サミッター〟と呼ばれます。日本人初の14サミッターということもあり、私のダウラギリI峰登頂は、自分でもびっくりするほどたくさんのメディアが取り上げてくれました。

〝プロ登山家・竹内洋岳《ひろたか》〟の名前を、そのときにはじめて聞いたという人も多いのではないでしょうか?

詳しくは後述しますが、私は二〇〇六年に登山家として「プロ宣言」をしました。その時点で、すでに八座の八〇〇〇メートル峰に登っていましたが、プロ宣言を機に「14プロジェクト」を始動させ、一四座完全登頂を目指してきたのです。

プロと名乗るようになった以上、単に自分が山に登るだけでなく、高所登山のおもしろさを多くの人たちに伝えることも大切な役目だと考えています。どんなスポーツでも、試合を見てもらうからこそ、おもしろさは伝わるもの。それは、山登りも同じはずです。

そして、大切なことは失敗や困難も含めて、すべてをオープンにすることです。成功した話は、それはそれで価値はあると思いますが、都合のいいところだけを見せて、すべてが伝わるはずがない。まして、私がやってきた登山は、特別な才能に支えられたものではなく、普通の人間が好きでやり続けてきただけのことです。言い換えれば、興味さえあれば、誰でもやってみることができる。だからこそ、自分のキャリアの中にある失敗も語らなければ、多くの人たちに魅力を感じてはもらえないはずです。

二〇〇七年にガッシャブルムII峰を自力で下山できなかったことは、プロ登山家としての私にとって、もっとも大きな失敗と言ってもいいでしょう。その失敗を冒頭に記したのは、この本で私が一番伝えたいことが、決して「竹内洋岳の偉業」なんかではなく、「高所登山の魅力」に他ならないからです。

挑戦を続ける喜び

何かと危険と言われる八〇〇〇メートル峰ですが、登頂のために必要なのは、人並みはずれた体力や技術ではありません。そもそもこの本を一読していただければ、私が特別な人間ではないということがよくわかるはずです。では、何が一四座完登のために必要なのか？　それは、人より多く〝想像〟できるかどうかだと思うのです。

登山は想像のスポーツです。頂上まで行って、自分の足で下りてくる。ただそのために、登山家はひたすら想像をめぐらせます。無事に登頂する想像も大事ですが、うまく行かないことの想像も同じように大事です。死んでしまうという想像ができなければ、それを回避する手段も想像できません。私たち登山家は、どれだけ多くを想像できるかを競っているのです。

もちろん失敗もするし、悩みもするし、ときには引き返すこともある。しかし、目標が向こうから黙って近づいてくることはありません。だから私は立ち止まることなく、想像に想像を重ねながら、足を前に踏み出し続けてきました。その歩みが、幸いにも一四座完登につながったのです。

この本には、そんな私の自伝的な話も出てきます。また、いかにリスクと向き合うか、過去の経験をどう活かすか、生と死を分けるものは何か……といった、私が山の中で考えてきたことも記されています。それが「哲学」と言えるかはわかりませんが、読者の皆さまが何かを感じ取るきっかけになれば、望外に嬉しいことです。

一人のプロ登山家として、少しでも高所登山の魅力を知ってもらいたい。そして、本来は誰もが持っているはずの「挑戦を続ける喜び」をもう一度取り戻してもらいたい――。

それが、この本を書くことになった私の一番の願いなのです。

第一章　もっとも宇宙に近い場所

ダウラギリI峰のBCから見上げた夜空

標高八〇〇〇メートルの別世界

八〇〇〇メートル峰の頂上はどんな世界なのか。ヒマラヤに行くこともなく、普通に日本で暮らしていれば、なかなか想像はできないと思います。

標高八〇〇〇メートルの高さを説明するときに、私がよく言うのが、「旅客機が飛んでいる高さ」という喩《たと》えです。飛行機に乗って八〇〇〇メートル付近を飛んでいる時に、窓の外を見てみてください。そこまで歩いて登っていく人がいることを想像すれば、少しはヒマラヤ登山のスケールを感じてもらえるのではないでしょうか。

登るたびに毎回「美しいな」と感じるのは、夜空の星です。標高の高いところで見る星は、瞬《また》きません。瞬いているのかもしれないけれど、私には瞬かないように見える。

東京で見る星は、瞬いて見えます。その理由は、地球に空気があるからです。遠くの星は光が弱いため、空気の揺らぎで光が瞬きます。平地からでも、月や金星や火星が瞬いて見えないのは、地球との距離が近くて光が強いからです。

ヒマラヤの高所では、空気も薄いし水蒸気も少ない。だから、遠くの星のかすかな輝きも遮《さえぎ》られない。おかげで星座がわかりません。星の数が多すぎるのです。地上で見ると、星は黒い空にポツリ、ポツリと光っていますが、八〇〇〇メートルの高所では星の間に黒い空が隙間のように見える。点が光っているのではなく、空が面で発光しているような印象です。とくに天の川などは、空に光る川が流れているどころか、滝が落ちているように見えて、それは美しいものです。

夕焼けも、平地では見られない色に空が染まります。地平線は、自分の足元よりも下に弧を描いているので、太陽も下に沈んでいきます。沈む瞬間、夕日は赤っぽくなりますが、平地で見るような茜色《あかねいろ》ではありません。もっと青みがかった、紫に近いなんとも言えない色。その色に眼下の空が染まっていくのです。

そして、夜明け。日が昇る前のわずか一瞬ですが、視界にあるものすべてが銀色になる。足元の雪だけでなく、空も、自分たちを包んでいる空気さえも、すべてが銀色に輝く。そう見える気がするだけかもしれませんが、私にはなにもかもが銀色に発光していると感じられます。

ヒマラヤに登るクライマーたちが〝シルバー・モーメント〟と呼ぶ瞬間です。ほんの数秒か、十数秒の現象ですが、ヒマラヤの高所でしか見ることのできない、不思議な光景なのです。

夕焼けも、シルバー・モーメントも、その瞬間を写真やビデオで撮影するクライマーはたくさんいます。でも、違うのです。機械で記録された画像や映像からでは、実際に見たときの感動は伝わってきません。

人間の目はウソをつきます。私たちは見えるものを、自分の都合のいいように見ている。しかも、脳の中で都合のいいように変換してしまう。それゆえに美しく感じる光景なのかもしれません。だとすれば、ヒマラヤで見る夕焼けもシルバー・モーメントも、標高八〇〇〇メートルの自然環境と、そこまでたどり着いた人間とが共同でつくり上げる光景だと言えます。登らなければ絶対に出会うことができない、再現不可能な瞬間です。

二〇〇一年にナンガ・パルバット（八一二六メートル）という山に登ったときは、私が先頭で頂上に到達しました。自分のペースで登ったのですが、あまりにも早く着きすぎて、後から登ってくるメンバーたちを頂上で待っていた。先に下山してもかまわなかったのですが、頂上に立った自分の写真を撮ってもらいたかったのです。

強い風もそれほど吹かず、ポカポカという表現を使いたくなるほどの穏やかな天気でした。メンバーが追いつくと、みんなで写真を撮り合ったりして、あのときは一時間くらい頂上でのんびり過ごすことができた。本当に気持ちのいい体験でした。

でも、そんなのは例外中の例外です。八〇〇〇メートル峰の頂は、じつは決して素晴らしい場所ではないのです。

生命感のない〝死の地帯〟

八〇〇〇メートルを超える高所は、〝死の地帯〟と呼ばれることがあります。酸素の量は平地の約三分の一しかなく、そこにはまったく生命感がありません。生き物がいること自体が、とても不自然な場所なのです。

頂上に到達する手前というのは、五歩登ってはゼィゼィ、ハァハァ、三歩進んではゼィハァ、ゼィハァ、ときには胃からこみ上げるものを吐きながら歩いているのですから、つらくて苦しいばかりです。

力を振り絞って、重い足を最後に一歩踏み出したとき、そこが頂上です。たどり着いた瞬間、もう先には空しかありません。まず湧いてくるのは、「これ以上登らなくてもいいんだ」という安堵感です。

が、長くは続きません。すぐに恐怖感に襲われるのです。「ここにいちゃいけない」という気持ちに追い立てられ、頭の中は「早く帰りたい」という思いでいっぱいになる。喜びや感動にひたっている場合ではないのです。

高所登山というのは、素潜《すもぐ》りに近い感覚ではないかと思います。私は泳げませんから、実際に潜ったことはありませんが、酸素ボンベを使わないで海に潜り、一番深い底にタッチして帰ってくる。八〇〇〇メートル峰の頂上も、深い海の底のような場所だという気がします。

フリーダイビングでは、海の中にある目印まで到達することが「目標」になります。しかし、到達して終わりではない。海の上まで生きて戻って来なければ、成功したことにはなりません。当然、呼吸を止めていられる時間には限界があります。海の底でのんびりしていたら、海面に上がってくるまでに息が続かなくなり、命を落とすかもしれない。一刻も早く戻らなければ自分の生命が危機にさらされる場所――。そういう意味で、八〇〇〇メートル峰の頂上は、深い海の底にも似ていると思うのです。

高所を登っている間は、体中の神経にヤスリをかけたと思えるくらい、感覚が鋭くなります。落石や雪崩などのリスクとは、常に隣り合わせです。危険を回避するためには、わずかな予兆を自分自身でキャッチしなければならない。全身の感覚は、自ずと極限まで研ぎ澄まされます。

頭で考えて判断するという、私たちが日常生活の中で行っている思考パターンと違い、もっと動物の本能的な反応が高所では働くように感じます。説明するのが難しいのですが、たとえば、渓流に魚釣りに行くと、人間が近づいただけで、静かに泳いでいた魚が一斉に逃げて行く。影を感じたのか、音を感じたのか、匂いを感じたのか。あるいは、温度や振動が伝わったのか。たしかなことはわかりませんが、釣り人が近寄って逃げない野生の魚はいません。

野生の動物でも、ガサッという音がしただけで、反射的に逃げ出します。その瞬間、「ガサッという音がしたということは、外敵に狙われた可能性があるから、急いで逃げないと命を落とすかもしれない」なんてことは長々と考えないはずです。単純に、気配に対して「やばい!」と反応して逃げ出しているに違いありません。

そんな感覚が、高所を登っているときは鋭くなる。脳で考えるのではなく、体中の神経が外部の情報に反応する。頂上に立った瞬間は、まさしく全身で「やばい!」と感じる状況で、まるで脊髄《せきずい》反射のように一刻も早くその場所から立ち去りたくなるのです。

八〇〇〇メートルにたどり着ける生き物

生き物が八〇〇〇メートルを超える高さにまで無酸素でたどり着くことは、昔は不可能だと思われてきました。そこは草も木も生えません。一四座の頂に到達した人間は、地球上で唯一、標高八〇〇〇メートルからの景色を見ることができる生き物だと考えられていました。

ところが、人間以外にも八〇〇〇メートル峰の高さまで上がってくる生き物がいるのです。アネハヅルとインドガンです。

アネハヅルは、文字どおり鶴の仲間ですが、体の大きさはカラスよりも少し大きいくらい。普段はチベット高原やモンゴルなどに生息する鳥で、冬になるとインドに渡ります。このアネハヅルがヒマラヤ山脈の上空を越えて行ったという話は、チベット人の何人もが口にしていました。

それを否定したのが鳥類学者です。アネハヅルの体を調べてみると、とてもヒマラヤの上空を飛べるような構造にはなっていない。骨格や筋肉にしても、心肺機能にしても、特別な能力が備わっているわけではありませんでした。

おそらく、どこかを迂回《うかい》してインドに渡るのではないかと考えられていましたが、調べてもルートがわからない。長い間、謎とされていました。

アネハヅルがヒマラヤ山脈を越える証拠をつかんだのは、じつは日本人なのです。一九五六年、マナスル（八一六三メートル、初登頂時の記録は八一二五メートル）に初登頂を果たした日本隊の登頂記録フィルムに、ヒマラヤ山脈の上空を飛んでいるアネハヅルの姿が偶然映っていたのです。チベット人の話を信じなかった鳥類学者も、映像までは否定できません。しかし、どれだけ調べても、アネハヅルには特殊な能力は認められなかった。

いまわかっている範囲では、アネハヅルには八〇〇〇メートルの上空を飛ぶだけの能力はないと言われています。ある程度の高さまで上がってから、上昇気流に運ばれてヒマラヤ山脈を越えるのです。成層圏に近い超高所まで運ばれたときには仮死状態になっている。そして、山を越えて下に落ちて行く途中で息を吹き返したアネハヅルだけが、生きて地上に降り立つ。ですから、仮死状態のまま山に激突したり、息を吹き返すことなく墜《お》ちて死ぬケースもたくさんある。という、非常に過酷な習性を持つ渡り鳥なのです。

なぜ、アネハヅルがそんな危険な渡りをするのか？　これは私の意見ではなく、考えられている説の一つですが、アネハヅルの渡りの習性は、ヒマラヤ山脈がこれほど高くなる前からあったという見方があります。

かつて、ヒマラヤ一帯は海の底でした。その証拠に、ヒマラヤでは岩塩が採掘されます。そんな太古の昔から、アネハヅルはチベットとインドの渡りを繰り返していた。

それが、時代を下ると地表がどんどん隆起してくる。といっても、アネハヅルの寿命の間では、数センチくらいの話でしょう。だから、習性として往復してきたルートを、またいつものように渡り続ける。

環境の変化に順応するのではなく、環境の変化に気づかないまま、アネハヅルは長い間、同じルートの渡りを続けてきた。そして、運よく上昇気流に乗れた何パーセントかが、生き延びて子孫を残してきた——。

こういう話を知ると、人類のヒマラヤ登山の歴史などは、たったいま始まったばかりのようにも思えてきます。でも、アネハヅルは八〇〇〇メートル峰を越えようとして飛んでいるのではない。それはインドガンも同じでしょう。そう考えれば、自分の意志で八〇〇〇メートルを超える高所に登る生き物は、やはり人間しかいない。ヒマラヤ登山は、人間が知恵を使ってしかできない行為だなと思うのです。

余談ながら、私はまだヒマラヤの上空を飛んでいるアネハヅルの姿を見たことがありません。ですが、決して珍しい鳥ではありません。東京ならば、少し前まで多摩動物公園にいました。それくらい普通の鳥で、野生のアネハヅルは迷って日本に飛来することもあります。

超高所に挑んだ人たち

生き物を寄せ付けない超高所への登頂は、イギリスが国の威信を懸《か》けた壮大なチャレンジとして始まりました。

二〇世紀に入って、人類初の極点到達を果たしたのはアメリカ（北極点・一九〇九年）とノルウェー（南極点・一九一一年）。南極点はイギリスのロバート・スコットも一番乗りを目指していましたが、ノルウェーのロアール・アムンセンに先を越されたのは有名な話です。遅れること、わずか三四日。しかもスコット隊は復路で遭難し、帰還を果たせなかった。

南極点初到達を果たせなかったイギリスは、第三の極地である地球の頂点、エベレスト（八八四八メートル）への初登頂に本腰を入れます。遠征隊には、「なぜエベレストに登るのか？」と聞かれて、「そこに山があるからだ」と答えたという逸話がある、ジョージ・マロリーも加わっていました。

人類がエベレストに初登頂したのは、マロリーの時代から下ることおよそ三〇年。一九五三年に、イギリスの登山隊に参加したニュージーランド出身のエドモンド・ヒラリーが成功させました。ヒラリーは養蜂業を営む登山家でしたが、この時代の登山はいわば国家プロジェクト。登山隊は軍隊です。実際に、隊長のジョン・ハントは現役の陸軍大佐でした。登頂成功の発表も、エリザベス女王の戴冠式に合わせてリリースされました。

頂上を攻撃して、山を征服？

ヒマラヤ登山の幕開けが軍隊のオペレーション（作戦）だった名残《なごり》は、いまも山岳用語の中に見ることができます。高所登山という文化は、イギリスから世界に広まります。そのため、軍隊で使われる英語が登山にも用いられ、日本でも翻訳された軍事用語の一部がそのまま定着したのです。

たとえば「征服」という言葉。登頂に成功すると、しばしばこの言葉が使われます。私が一四座登頂を果たしたときも、一四座を「征服」や「制覇」したと書いた新聞がありました。

しかし、私は山に戦争をしに行っているわけではありません。自分では「征服」や「制覇」という言葉は一度も使ったことがないし、使うべきではないと思っています。山は、人間が征服できるようなものではありません。

それでも新聞や雑誌がいまだにこういった言葉を使うのは、「人間がスゴイことをやりました」と、ニュースの価値を高めるための演出であり、読者の目を引きつけるアイキャッチとして便利な言葉だからなのでしょう。

一四座登頂のとき、読売新聞の取材班が現地に入っていました。記者の深井千弘さんは学生時代から社会人山岳会に所属していた人で、私が文部省登山研修所（現・国立登山研修所）の講師をしていたときの研修生です。彼は、私が「征服」や「制覇」という言葉を使わないことを知っていますから、彼が書く記事にもこれらの文字は出てこない。深井さんは必ず「達成」という表現を使っています。

戦争を放棄した日本では、報道で「征服」や「制覇」という言葉を使う機会は、登山くらいしかないのでしょう。勇ましい言葉ですから、記事を書く人も使いたくなるのかもしれません。しかし、山に関して「征服」と言えるのは、おそらく山に登らない人たちです。ましてや、ヒマラヤの高所に一度でも登ったことがある人ならば、とても人間ごときが「征服」できるものではないということはわかっているはずです。

もう一つ、「アタック」という言葉も奇妙な言葉で、日本ではいまも使われます。これは山頂を目指す最終行程のことで、組織登山では登頂のために選ばれた人のことを「アタックメンバー」と呼びます。

これも、おかしな表現です。頂上に「攻撃」に行くという意味ですから。でも、古い文献を読むと、「頂上攻撃」と書いてあったりします。登山という文化がイギリスから入ってきた当初は、日本でも「征服」するために「攻撃」するのが山登りだと思われていたのかもしれません。

イギリスの登山隊が使っていた「アタック」という用語は、いまは外国人クライマーたちも使いません。使っても意味が通じなくなりつつあります。

私も、はじめて国際公募隊に参加して外国人とともに登ったときに「アタック」と言ったことがあるのですが、笑われました。でも、もっと驚いたのは、二〇〇五年にエベレストに登ったとき。麓《ふもと》にあるティンリーという町で食事をしていたら、イランの登山隊の一人が、「明日、われわれのチームはアサルトだ!」と言い出したことです。アサルトは、「突撃」とか「猛攻撃」とか、そういうときに使う言葉です。周囲にいたクライマーたちは失笑しました。言ったイラン人も、「しまった!」という顔をして、「いや、じつはわれわれは軍人なので……」と、あわてて弁解していましたが。

いま、頂上を目指すときに海外の登山家たちが一般的に使う表現は、「サミットプッシュ」です。攻めるのではなく、「自分を頂上まで押し上げる」のです。実際に、ヒマラヤ登山のラストステージは、立ち向かうという勇ましい雰囲気ではなく、一歩、また一歩と、自分の体を少しずつ上に押し上げていく感じなのです。

エベレストは観光地

八〇〇〇メートル峰は地球上に一四座ありますが、そのすべての名前を知っている日本人はとても少ないと思います。山登りを趣味にしている人でも、一四座がスラスラ口から出てくる人は、そうはいません。

でも、エベレストの名前を知らない人はいないでしょう。世界一高い山、それだけに、エベレストは他の一三座の八〇〇〇メートル峰とは比べられない一面があります。

エベレストは、もはや観光地です。多い年には三桁もの人が登頂する。そんな八〇〇〇メートル峰はエベレストだけです。頂上に立てなかった人もカウントすれば数千人、BCまでトレッキングするだけの人まで含めれば、もう一桁増えるかもしれない。

日本が景気のいい頃には、ネパールにトレッキングに訪れる外国人の一位は日本人でした。さすがに最近は日本の観光客も減りましたが、相変わらず世界中から人が押し寄せています。誤解を恐れずに言えば、登山をやらない人もやって来るのがエベレストなのです。

ラッセル・ブライスという公募隊のオーガナイザーがいます。エベレストでもっとも大きな公募隊を組織する人ですが、冗談半分にこんな話をしていました。

「BCに集合したクライアントの装備のチェックをするとき、最初にやらなければならないのは値札を取ることだ」

ピッケルやアイゼンなどの登山用具を買い揃えては来るけれど、一度も使ったことがないような人もエベレストに登る、という話です。彼のようにビジネスとして組織された公募隊では、大勢のシェルパがルートをつくり、そこにロープを張って、クライアントはぞろぞろとロープを伝って登れるようになっている。行列や順番待ち、さらには渋滞まであるのがエベレスト登山なのです。

そういう状況を、「ヒマラヤ旅行」や「高所遠足」などと言って非難する人もいます。でも、私は悪いことだとは思っていません。限られた登山家だけが挑戦するのではなく、誰でも挑戦できる状況があるというのは、ヒマラヤ登山という文化や、高所登山というスポーツの間口を広げる意味では、歓迎すべきことです。

ただし、誰もが挑戦できるからと言って、誰もが登頂できるわけではありません。「お金さえ払えば誰でも登れる」と言う人がいますが、エベレスト登山が簡単になったわけではない。

それに、エベレスト登山といっても、いろいろな登り方があります。ノーマルルートだけでなく、他に難しいルートもある。酸素を使うか、使わないかという違いだけでも、難易度はまったく変わってきます。多くの人が訪れることで、エベレスト登山への認知が広がるのはうれしいことですが、同時に一言では語れない「奥深さ」も、私たち登山家が伝えていかなければならないことだと思っています。

山にゴミを捨てるのは誰か?

半ば観光地化したエベレストには、他の八〇〇〇メートル峰にはない悩みも起こっています。ゴミ問題です。

観光客がゴミを落としていくという状況は、エベレストに限ったことではありません。人がたくさん集まる場所なら、どこでも頭を抱えている問題です。多くの観光地で起こっている問題が、エベレストでも起こっているというだけの話。

ただ、たしかなことは、山にゴミを捨てるのは普段山に登らない人だということです。本当に登山を続けていく登山家は捨てません。登山家が山にゴミを捨てることは、自分の家を汚すことにも等しい行為だからです。

外から来た観光客がゴミを捨てれば、一番困るのはそこに暮らす地元の人たちです。しかし、地元のネパールの人たちでさえもゴミを捨てている。こう言うと、ネパールの人たちのモラルが低いと思われるかもしれませんが、考えてみてください。いまから三〇年くらい前、日本の山はゴミだらけでした。高度成長期に公害問題がクローズアップされる以前は、日本人も罪悪感を覚えることなく山や海にゴミを捨てていた。それと変わらない状況が、ネパールにあるということなのです。

だからといって、エベレストのゴミを放っておいていいというわけではありません。少なくとも、観光ではなく登山でエベレストに入る者は、ゴミを残さないで帰ってくる最低限のマナーを示せなければなりません。

山登りとは〝輪〟をつくること

エベレストのことばかり書きましたが、一四座の八〇〇〇メートル峰には、それぞれに個性があります。その個性に引きつけられて、私は山に登り続けているとも言えます。

一四座の山の個性について、自分が思っていることを述べるのはたやすいことです。しかし、それで一つ一つの山の個性は伝えきれない。山の個性は、登る人によって受け取り方も違ってくるからです。

人間の個性と一緒です。たとえば、この本が出たとき私は四二歳です。でも、世の中の四二歳の男性は、みんな違います。私の年代は、よく「ガンダム世代」とか「ファミコン世代」などと言われますが、私の家にはファミコンがなかったし、ガンダムをテレビで見た記憶もない。

四二歳という数字も、八〇〇〇メートルという数字も、同じようなものです。八〇〇〇メートル以上の山だからといって、同じものは二つとない。

私自身、四三歳になったときは、前年にはなかった個性が身についている可能性もあります。これも山と一緒です。ひと冬越して翌年になれば、山の状況は一変します。体にできた傷跡が消えるように、ルートの上に残された足跡も消えています。クライマーたちは、また氷雪を踏みしめてラッセルし、一から道をつくっていかなければなりません。

もっと言えば、今日と明日でも私は同じではありません。午前と午後でも違うかもしれない。機嫌がいいときもあれば、悪いときもある。調子がいいときもあれば、落ち込んでいるときもある。山だって、天候一つでまったく違う表情を見せるのです。

先ほどナンガ・パルバットの頂上で、一時間ほど楽しく過ごしたと述べましたが、もしも悪天候のなかギリギリで登頂していたら、「あんな恐ろしい頂上はなかった」と、私は書いていたことでしょう。

人も、山も、個性を感じ取るのは相手です。山の魅力は山の数だけあると昔から言われますが、登る人の数だけあると私は思っています。

また、山の個性を左右するのは高さばかりではありません。その山の一番高い場所に到達することは重要な目的ですが、登山のプロセスの一部でしかない。

登山というのは、一つの大きな〝輪〟だと私は考えています。「この山に登ろう」と決め、具体的な計画を頭に思い描いたときが、輪の始まり。準備の段階から、登山は動き出しているのです。そして、現地を訪れ、ＢＣへ行き、Ｃ1、Ｃ2、Ｃ3と自分を押し上げ、頂上を通って下りてくる。無事に下ってきて、そこで大きな一つの〝輪〟ができあがるのです。

そう考えれば、頂上に立つ瞬間というのは登山のハイライトでもピークでもありません。頂上を目前にしたときは、息も絶えそうになりながら、数十センチしか進まない足取りを一歩ずつ重ねているだけです。つらくて、苦しいばっかりで、少しも楽しくなんかない。

そんな苦しい思いをしたくて、私は山に登っているわけではありません。苦しいことも含めた長いプロセスを、いかにおもしろがれるか。その一つの輪の中で記憶に刻まれた印象のすべてが、登った者だけが知り得るその山の個性なのです。

登山家らしさとは?

このように八〇〇〇メートルの世界を紹介すると、そこに足を踏み入れる人間は、さも特別な能力をもった人のように思えるかもしれません。でも、じつはそうじゃないのです。

一四座登頂後、知らない人から声を掛けられることが何度かありました。テレビや新聞雑誌などに取り上げてもらったことの影響でしょう。こんなことは、一四座を登頂するまでは考えられないことでした。

しかし以前は、仕事で初対面の人と待ち合わせをしたときでも、なかなか会えないことがよくありました。指定された喫茶店に時間通りに行って待っていても、相手が現れない。おかしいなと思っていると、さっきから他の席にいた人が近づいてきて、「あのー、失礼ですが竹内さんですか?」と聞いてくる。そして、私が本人だと知って、意外な顔をするのです。

登山家には、いわゆる〝山男〟のイメージが持たれているのかもしれません。重い荷物を担いで山道を登るには、たくましい肉体が必要になると思われているのでしょうか。私は身長一八〇センチ、体重は六五キロです。筋肉量は、おそらく山に登らない一般の人よりも少ないでしょう。山男のイメージを抱いている人の目には、私のような体格は登山家らしくないと映るかもしれません。

そもそも、私は幼い頃から運動は苦手でした。生まれたときまでさかのぼれば、医者から「余命三カ月」と言われた赤ん坊だったのです。

劣っていることが当たり前だった

「お子さんは心臓に穴が開いている」と、母親は医者から告げられました。といっても、意外によくある事例で、多くは成長する過程で自然に治るものだそうです。現在では、ほとんど問題のない状態とされていますが、心臓疾患と聞かされたときの母親には相当なショックだったらしい。

実際に、とても病弱な赤ん坊でした。母親と一緒に退院することができず、生まれた病院にそのまま入院。幼稚園もほとんど行くことができず、母親は「学費を返してもらいたいくらいだった」と言っています。

私自身の記憶がはっきりしているのは小学校の低学年くらいからですが、やっぱり病弱でした。月、火、水、木と学校へ行くと、金曜日には熱を出して、日曜日まで寝込んでしまう。体が一週間もたないのです。朝、元気に登校しても、授業中に熱を出すこともよくあった。そのたびに保健室で寝かされ、それを母親が迎えに来るという光景をとてもよく覚えています。

小学三年生になってからは、地元にある剣道の道場に通い始めました。剣道はそこそこ熱心にやっていましたが、運動が好きだったわけではありません。運動会で走ればいつもビリだし、野球もサッカーもやったことがない。だから体育の成績も悪かった。

病弱で、運動も苦手な子どもだったのです。でも、劣等感はなかった。もともと健康だった人が大きな病気にかかったり、あるいは怪我をして、それまでできていたことができなくなったりすれば、能力が劣ってしまったことを嘆《なげ》くと思います。ところが私の場合は、最初から体が弱くて運動神経も鈍かった。人よりも劣っている状態が、自分にとっては当たり前の感覚だったのです。

そんな自分が、唯一、人よりも上手くできると感じていたスポーツがスキーでした。登山家になってから、「山登りを始めたきっかけは何でしたか？」という質問をよく受けます。しかし、私の中に明快な答えはありません。伝記などを読むと、「私はそこで目覚めた！」といった逸話がよく出てきますが、そういう記憶は私には一切ない。気がついたときには、自分の人生の中に山があった。

ただ、山を身近なものにしてくれたのは、間違いなく幼い頃から母方の祖父に連れて行かれたスキーの経験だったと感じています。

登山の原体験

「洋岳」という私の名前は、いかにも海外の山に挑む登山家らしいと言ってもらえます。この名前を付けてくれたのは祖父です。「海のように広く、山のように高く」という思いで命名したと聞きました。

祖父は東京の西神田で商いをしていた人で、いわゆる下町の旦那衆という感じです。江戸っ子気質《かたぎ》で、写真や車が趣味。きっと借金をしてでも遊ぶような人で、当時はまだ趣味としては珍しかったスキーや山登りも戦前からやっていました。

祖父は男の子が欲しかったのに、授かった四人の子はみんな女の子。四姉妹の長女が私の母親なのですが、初孫の私が男の子でしたから、それはもう可愛がってくれました。そして、私が三歳のときから、毎年冬になると新潟県の岩原《いわっぱら》にスキーに連れて行ってくれたのです。

スキーと言っても四〇年も前のことですから、いまのようなリゾートのスキーとは違います。スキー場にリフトはありましたが、どちらかといえば雪山で登ったり滑ったりするスキー登山です。

雪を踏みしめて山を登るという感覚を生まれてはじめて味わったのは、祖父に連れて行かれたスキーのときです。もっとも、最初は三歳のときですから、はっきりした印象はありません。気がつけば、毎年冬に山へスキーに行くようになっていたわけです。

祖父の家には休みのたびに行っていました。冬以外でも祖父は山に連れて行ってくれましたが、それは登山というよりもハイキングのようなものです。むしろ、山登りに近いことは、小学四年生のときから参加していた野外活動で体験していました。これは、祖父の住む千代田区が主催する体験学習教室で、月に数回、キャンプに行ったり、川遊びをしたり、田植えをしたりするものです。

この野外活動の指導員をしていたのが、現在は野外教育のスペシャリストとなった桜井義維英《よしいえ》さんです。当時、まだ大学を卒業したばかりの桜井さんは、山登りを含めて、自然の中に身を置くことの楽しさを継続的に教えてくれた。この野外活動に、私は高校卒業まで参加していました。

たまたま入った山岳部

高校では山岳部に入りました。じつを言えば、山に登りたくて入部したわけではなかった。私が進んだ高校はごく普通のレベルの都立校でしたが、部活動を盛んにしようという方針で、新入生はとにかくどこかの部に入らなければならなかったのです。

体育館でガイダンスがあり、入部希望の名簿に名前を書かなければ帰れない。入ってから辞めてもいいという説明だったので、どこでもよかったけれど、人気のある部には行列ができている。一番すいているのはどこだろうと見回すと、誰も並んでいなかったのが山岳部と香道部。お香に興味はない、山なら嫌いじゃない、そう思って山岳部に入ることにしたわけです。

新入部員は二人しかいませんでした。もう一人はすぐに辞めてしまい、結局一年生は私だけ。で、先輩が二人。総勢三名の山岳部です。

軽装で登れる山なら、野外活動でもよく行っていましたから、高校の山岳部の活動に何かを期待していたことはありませんでした。しかし、一年生の夏の合宿で穂高《ほたか》に登ったことは、印象深い体験でした。長野県側から登り、北穂から奥穂へと稜線《りようせん》を縦走したのです。

それまで登った山は東京近郊にある土の山なので、穂高は、私がはじめて登った岩の山でした。北穂の岐阜県側には滝谷《たきだに》という岩壁があります。そこは、「鳥も通わぬ滝谷」と言われる岩場。山岳部の顧問だった棚井先生は都立大（現・首都大学東京）山岳部のOBで、学生時代はその滝谷を登り込んでいました。

滝谷を目の当たりにしたときは、とてもそこを人が登れるとは思えませんでした。が、その岩の壁を何度も登っている棚井先生の話を聞くうちに、「自分もいつかは岩登りをしてみたい」という強い気持ちが湧いてきた。

高校生になった頃には、もう虚弱体質ではなくなっていました。穂高の合宿は四泊五日でしたが、途中でバテるようなこともなかった。山岳部の三年間で、私は棚井先生と北岳や丹沢など、いろいろな山に登りますが、いま思えば、棚井先生は私にとって最初の山の先輩といえるかもしれません。残念ながら、やりたかった岩登りは高校では禁止されていたので、教えてもらうことはできませんでしたが。

やりがいの発見

一浪して、私は立正大学に入学しました。進んだのは仏教学部。べつに宗教を学びたかったわけではなく、宗教には親しみがあったのです。

祖父は商売をしていましたから、一日は神棚に拍手《かしわで》を打つことから始まります。お朔日《ついたち》には神棚を掃除し、お稲荷さんを祀っているので初午《はつうま》には油揚げをお供えする。だからその日の食卓には必ず油揚げが出た。

お寺に行ったり、お墓参りをするのも日常で、よく祖父と一緒に巣鴨にある菩提寺まで行ったものです。いわば、生活の中に宗教があったわけで、私にとっては非常に身近な習慣だった。

その程度の志望動機ですから、大学生活は勉強よりも山岳部での活動が中心になりました。その年の新入部員は二人。先輩は五人。合わせて七人の山岳部です。ＯＢの話では、かつてはもっと大所帯だったそうですが、当時の大学の山岳部といえば、その程度の規模が普通でした。

大学の部活動には、ラグビー部でも野球部でも先輩たちが培《つちか》ってきた一種のカラーがあるものです。それは山岳部にも言えることですが、立正大の山岳部はそれほど特色のあるところではありませんでした。ただ、創部以来、一人も山で死んでいない。これは異例なことです。単に、難しい登山をしなかっただけなのかもしれませんが……。

それでも、最初の合宿で谷川岳へ登ったときは、思いが叶ってうれしかった。高校時代は残雪を避けて登らなければなりませんでしたが、大学ではアイゼンをつけてどんどん雪山の中へ入って行ける。一般登山道ではないバリエーションルートを登っていくことは、とても魅力的に感じられました。

はじめて経験する岩登りも、すぐにおもしろさを実感できました。その日のためにハーネスやカラビナやスリングといった道具を買い揃え、初歩的な岩登りではありましたが、それまでの登山では感じたことのない楽しさがあった。

その楽しさは、子どもが公園でジャングルジムに登るときの気持ちに近いかもしれません。両足を使って階段を上っていても少しもおもしろくないけれど、両手両足を使ってどこかをよじ登る行為は、子どもでもおもしろさを感じます。だから、公園にはジャングルジムがあるのでしょう。

岩登りを体験して、自分がやりたかったのはこれなんだと感じました。春合宿の後、山岳部の活動とは別に、先輩と二人で小川山や双子山などに行っては、岩登りをしていました。トレーニングということではなく、純粋に岩登りがしたいという気持ちで出掛けていたわけです。

そして、大学の山岳部には、もう一つ楽しみな出来事が待っていました。私が入学したときには、すでに翌一九九一年のヒマラヤ登山が計画されていたのです。

登るのは中国にある八〇二七メートルのシシャパンマ。これが、私にとってはじめての海外登山であり、最初に挑む八〇〇〇メートル峰になるのです。

第二章 組織で登る八〇〇〇メートル

95年、はじめて8000メートル峰の頂に立つ

はじめてのヒマラヤ

シシャパンマ遠征は立正大山岳部の創部四〇周年記念として計画された登山でした。遠征費の個人負担金は一人一〇〇万円。当時、とても自分では捻出できない大金です。それでも、どうしても行きたかった。

じつは、高校生のときから、いつか見てみたいと思っていたものが私にはありました。それは、オーロラと、アルゼンチンの氷河が海に崩れる場面と、フンコロガシと、チベットのポタラ宮殿と、ヒマラヤ。図書館で読んだ本の影響です。シシャパンマへ行けば、ヒマラヤだけでなくポタラ宮殿も見ることができるかもしれない。

両親は反対しませんでした。「行きなさい」と言ってくれた。遠征費用は、祖父が出してくれました。

登山隊は一一名。山岳部の現役の学生は私を入れて三人です。あとはＯＢ。山岳部が主体となった計画ではありましたが、実情はＯＢが行きたいヒマラヤ登山に、学生がおまけでくっついたようなもの。大学の山岳部の遠征となれば、資金も集めやすかったのでしょう。それに学生を連れて行けば雑用係にもなる。もちろん、そんなことを当時は考えもしませんでしたが。

シシャパンマへは、北京、成都、ラサというコースで入りました。ラサはポタラ宮殿のあるチベット自治区の聖都。ラサから車で三日かけてTBC（トラックベースキャンプ）まで行き、そこからヤク（現地に生息するウシの仲間）で三日かけてBCに到着します。移動するだけなら、もっと早く行けますが、日本から運び込んだ荷物は一トン以上もある。

また、あえて時間をかけてBCに向かうのは、高度順化のためでもあります。そもそもラサの標高が富士山と同じくらいの高さです。そこから五二〇〇メートルのTBC、五六〇〇メートルのBCへと一気に登れば、間違いなく高山病になってしまいます。

高所登山、二つのスタイル

高所登山には、大きく分けて極地法とアルパインスタイルという登り方があります。

極地法は「ポーラー（南・北極）・メソッド」の和訳で、もとは南極探検で実践された行程のことです。船をBCだとすると、岸に着けた船から降ろした荷物を集積する場所がC1になる。そこから人力や犬ゾリで、次の中継拠点となるC2まで荷物を運ぶ。同じようにC3、C4と移動し、補給路を途切れさせずに極点に到達する。

これを垂直にしたのが高所登山の極地法で、キャンプとキャンプの間を往復することが、高度に体を慣らすことにもなるわけです。シシャパンマ遠征のときも、BCまで日数をかけて到達し、さらにBCとC1、C1とC2、C2とC3、C3とC4の間を何度も往復しながら、頂上を目指したのです。

もう一つのアルパインスタイルは、BCから頂上まで、一度も下を向かないで一往復で帰ってくる方法です。もっと厳密に言うと、自分の前に人がいないことがアルパインスタイルの大前提です。一往復で登頂した場合でも、先に登っている人がつくったルートをたどったときは、アルパインスタイルの登頂ではなくシングルプッシュと呼びます。

登山家の中には、アルパインスタイルにこだわりを持つ人もたくさんいます。用具の進歩や装備の軽量化も、アルパインスタイルの高所登山を後押ししていると言っていいでしょう。しかし、決して極地法よりもアルパインスタイルのほうが優れているというわけではありません。

制約が多いアルパインスタイルは、当然のことながら登れるルートも限られてきます。長く緩やかな尾根を何日もかけて延々と登らなければならないルートでは、アルパインスタイルは適していない。「アルパインスタイルでの登頂成功」というのは、「アルパインスタイルで登れるルートをアルパインスタイルで登った」という意味で、要はルートによってふさわしいスタイルや可能な登り方があるということ。極地法とアルパインスタイルは、登る山や登山隊の規模などに応じて選択される方法であって、どちらが優れているという話ではありません。

余談ながら、私を紹介してくれる記事には、「アルパインスタイルの登山家」と書いてあるものも少なくありません。が、一四座の中で私がアルパインスタイルで登頂したのは二つだけ。アンナプルナI峰（八〇九一メートル）と、シシャパンマだけです。

シシャパンマをアルパインスタイルで登頂したのは、二〇〇五年のこと。立正大山岳部のシシャパンマ遠征は極地法でしたし、そもそも私は頂上までたどり着いていないのです。

すべてはここから始まった

はじめての八〇〇〇メートル峰となったシシャパンマで、キャンプとキャンプの往復を繰り返すうちに、高度に体が順応していくことが実感できました。一度下に戻って、二度目に登ったときは、前回よりも体が楽に動くし、呼吸も楽になる。

一緒に行ったメンバーの中には、相当苦しんでいた人もいたし、途中でギブアップした人もいました。その様子を見ていて、自分は案外高所に強いのかもしれないなという思いも持ちました。

そして、いよいよサミットプッシュ。C４から頂上を目指す日です。が、そのメンバーに私は選ばれなかった。

高度にも慣れ、おそらく登山隊の中では私が一番元気だったと思います。頂上まで登りたかったし、登るつもりで準備もしてきました。しかし、私はC４から先には行けなかった。

そのときは「そういうものなんだ」という気持ちでした。BCで、「今回のアタックメンバーは二人だ」と、隊長を務めていたOBは言っていたし、全員が頂上に立てる登山ではないということは、はじめからわかっていた。というより、それがヒマラヤ登山だという認識でした。

たとえば、一九五六年に世界ではじめてマナスル登頂を成し遂げた日本山岳会の登山隊にしても、頂上に立ったのは二人だけです（後発隊でさらに二人が登頂）。エベレストでも、一九七〇年に日本人としてははじめて登頂した植村直己《なおみ》さんのときも、一九七五年に女性として初登頂した田部井淳子さんのときも、登山隊の全員が頂上に立てたわけではなかった。それがヒマラヤ登山では当たり前であり、日本の組織登山のあり方だと思っていたのです。

結局、このときのシシャパンマでは、約七五〇〇メートル地点（C４）までしか私は行けませんでした。登頂した二人はいずれもＯＢ。現役の学生は頂上に立ちませんでしたが、それでも立正大山岳部としては、計画は達成されたということになります。

頂上に立てなかった悔しさは、それほど感じませんでした。そのときの私の気持ちは、「楽しかったから、また来よう」という感じです。それは、シシャパンマという山だけでなく、ヒマラヤ登山そのものの魅力を知ったからでしょう。現地で味わった未知の世界、文化、宗教、習慣、言葉、食べ物、そしてチベットの人たち。ラサではポタラ宮殿も見ることができた。それらのすべてが魅力的で、そこに身を置くこと自体がおもしろかった。

また来ようというのは、特別な感覚ではありません。日常生活の中で、美味《おい》しい料理を食べたレストランに「また来よう」と思う感覚と変わらないと私は思っています。

ただし、強烈な印象だったことは間違いありません。自分の記憶をたどるとき、じつは高校生くらいまでの思い出は一緒くたになっているのです。それが、ヒマラヤに行った一九九一年以降は、いつ、どこへ行って、何をしたかということが、正確な年表となって思い出されてくる。

私の人生はヒマラヤから始まったようなものだ――。

これは、プロ登山家になる前から、私自身が実感として抱いていた思いなのです。

未踏のルートを行く

「また」の機会が訪れたのは四年後。一九九五年、日本山岳会の創立九〇周年記念事業として企画されたマカルー登山です。

マカルーは標高八四六三メートル。ネパールと中国の国境上にある世界第五位の山です。クラシックルートの他にいくつもバリエーションルートがあり、すでに多くの登山隊が登頂していました。しかし、日本山岳会が計画したのは、未踏のルートである東稜からの登頂でした。

このときの登山隊のメンバーは、「日本山岳会会員であること」という条件付きながら、一般公募。私は、立正大OBで日本山岳会の理事だった宇田川芳伸さんに推薦人になってもらい、会員になる手続きを取って、マカルー登山隊に申し込みました。で、書類選考を通って、面接を受けたとき、マカルー登山隊の隊長となる重廣《しげひろ》恒夫さんから、こう言われたのです。

「その髪の毛をなんとかしたら連れて行ってやる」

そのときの私は、茶髪のロン毛でした。日本山岳会にしてみれば、記念事業の登山隊のメンバーに学生を加えることは、企業が新入社員を採用するようなもの。茶髪のロン毛では採らないというのは、当時の一般常識でしょう。マカルーに行きたかったら更生してから来い、という話です。

すぐに髪の毛は切りました。茶髪やロン毛が、自分のアイデンティティになっていたわけではありません。切れば連れて行くというのは、能力は認めてもらえているということですから、何の躊躇《ちゅうちょ》もなかった。

その後、剣岳《つるぎだけ》で選考山行がありました。応募してきた人たちの体力を見たり、技術面を見たり、チームを組んだときの協調性などが審査されたのだと思いますが、かなりハードな合宿で、途中で脱落した人もたくさんいた。

メンバーは最終的に一二人に絞られました。学生は二人だけ。そこに私が残れたのは、宇田川さんの推薦と、シシャパンマの経験があったことが大きかったのではないかと感じます。

暗中模索の先発隊

マカルー東稜は、それまで誰も登ったことがないルートです。入手できた情報は、ロシアから入手した不鮮明な衛星写真だけ。正確な地図もありません。そこで、最初から登山隊全員が入るのではなく、先発隊を組織して一カ月早く現地に送り込み、ルートを模索することになったのです。

私は先発隊に手を挙げました。このとき、手を挙げたのは私一人。一カ月も早く現地に行けば、それだけ疲れます。みんな登頂を目指して体力を温存しておきたいと考えていたようですが、私はとにかく一日も早くヒマラヤへ行きたかった。

先発隊は、隊長の重廣さんと、登攀《とうはん》隊長の山本宗彦さんと、田久和さんという通訳の方と、私の四人でした。ルートを探すために入ったチベット最奥部の一帯は、それまで外国人が立ち入り禁止だったところ。一番奥の村の家の一部屋を借り、そこで寝起きをしながら、先発隊としてBCになりそうな場所を見つけなければなりません。

その行程は、登山というよりも探検です。なにしろ、外国人はまだ誰も足を踏み入れていない場所。取りあえず地元の人に案内を頼みましたが、言葉がチベット語です。通訳の田久和さんは中国語はできるけれど、チベット語まではできません。そこでチベット語が話せる中国人連絡官に間に入ってもらったのですが、通訳二人ではとても意思の疎通ができない。

せめて、現地に英語が話せる人がいればいいのだけれど……。そんなことを話していると、村の長老みたいな人が、こう言い出したのです。

「隣村に英語が話せるチベット人がいる。しかも、彼はこのあたりの地理にとても詳しい」

さっそくその人をガイドに雇うことにしてルート探しが始まるのですが、これが何の役にも立たなかった。彼が話せる英語というのは、"Thank you" と "OK" だけ。ガイドとしても使いものにならず、結局、私たちは「この谷を行ってみようか?」「こっちの谷を詰めてみようか?」と、片っ端から谷を潰して行かなければならなかった。

登れる尾根の末端を探して、何日もかけて峠を越え、苦労してラッセル（雪を踏み固めて道をつくること）して、崖を下ってみると、行き止まり。その繰り返しです。

一度、ラッセルしているときに、人の足跡を見つけたこともありました。

「こんなところに足跡がある、われわれの他に誰か来ているのか!」

と、そのときは驚きましたが、よく見れば自分たちの足跡。ウソみたいな話ですが、地図もないところをどんどん登っているうちに、気がついたら元の場所に戻っていたわけです。

探しても、探しても、ＢＣを置ける場所が見つからない。予想以上に雪が深く、思うように行動もできません。そのうちに食糧も尽きてきて、村の人たちに物々交換で食べ物を分けてもらったりしていました。

その約一カ月間の行程は肉体的にも相当苦しいものでしたが、いま思えば非常に楽しく、貴重な経験だった。こういった山登りの〝原点〟といえるような探検的な山行は、いまのように情報が豊富な時代では、もうできないかもしれません。

日本から来た宇宙人

私たち先発隊がＢＣの場所を見つけられないまま、いよいよ本隊がラサに到着します。このとき日本から運び込んだ物資は一七トン。輸送はヤクを使わずに人力でしたから、大勢のチベット人を雇わなければなりません。のべにして一〇〇〇人規模の人数です。それだけの荷物と人間を集積できる場所がなければ、本隊は身動きが取れなくなる。

先発隊には、ラサから麓の村に向かっている本隊から「まだか、まだか」の催促がトランシーバーでひっきりなしに入ってきました。半ば苦し紛れに行けそうなところを探していた私たちが、ようやくBCが置けそうな平地を見つけたのは、本隊の先頭が数時間後には追いつくというギリギリの時点でした。

BCが見つかったのは、ほぼ偶然でした。最後に残っていた谷を進み、尾根を少し越えたところに平らなスペースがあった。そこは標高三九二〇メートルの地点。おそらく、ヒマラヤ登山史上でもっとも低いBCではないでしょうか。BCには、高度順化のためにある程度の高さまで登るという目的もありますが、このときは一七トンの荷物を集積できることが最優先だった。

無事にBCが見つかったことには安堵しました。が、BCへの道程では揉め事も絶えませんでした。雇っているチベット人たちは毎日ストライキをやる。同行していた中国人連絡官が、それを見かねて銃を乱射する。もちろん空に向けての威嚇《いかく》射撃ですが、連絡官の中には、チベット人を人間扱いしないような人もいた。

盗みも頻発しました。ありとあらゆるものが盗まれました。ただ、これはチベットの人たちが悪いわけではありません。盗みの原因をつくったのは、私たち登山隊なのです。

雇われているチベット人は、それまで外国人を見たこともない人たちばかりです。山奥の小さなコミュニティで暮らしていた人たちが、突然見たこともない道具を一七トンも持ち込んだ闖入者《ちんにゅうしゃ》と遭遇したわけですから、宇宙人が来たような騒ぎになるのは当然です。

たとえば、火打ち石で火を点《つ》けていた人たちが、ライターを見れば欲しくなるのは、ごく自然なこと。そういう便利な道具を自分のものにしたいと思うのは、盗むという発想ではなく、外部からもたらされた新たなものを獲得するという感覚で、狩りに近いと思うのです。それを責めるのは、こちらの勝手な理屈。盗られるところに置いたほうが悪い。

もっとも、彼らにしても、何に使う道具かわからないけれど取りあえずかっぱらってから考えようと、手当たり次第に持って行ったようなところもあったかもしれません。なにしろ、どれも見たこともない形や色をしているのですから。

リーダーの役割

マカルー登山隊が一七トンもの荷物を運び込んだのは、BCから頂上までの行程に相当な日数を要すると予測されていたからです。東稜は距離も長く、一メートル先に何があるかもわからない未知のルート。それでも、マカルー登山隊は、私を含めた学生二人を除けば、当時の日本で選りすぐりのトップクライマーたちで構成されていましたから、燃料と食糧さえ切らさなければ、最後には必ず誰かが頂上に立てるというタクティクスの登山でした。

四月一日にBCを出て、五月二一日に一次隊が登頂するまでに、中継拠点はC7までつくられました。その間に、メンバーの中でちょっとした衝突も起きています。

山頂に向かうルートの上部に、行く手を遮るような氷の塔がありました。登山用語ではセラックといいます。そこを、どう登るか？

難しいけれどアイスクライミングをしてでもまっすぐ行こうという意見と、遠回りになるけれど迂回して行こうという意見がありました。メンバーの中で考え方が二分します。迂回するほうがリスクは少ないようにも思われますが、その分、雪崩や崩落に巻き込まれる確率は高くなる。どちらが正しいという問題ではありませんでした。

こういう衝突は組織登山では珍しいことではありません。というより、同じような事態は一般企業でもよく起こるものだと私は思います。

会社では、経営方針などをめぐって上層部が衝突することはよく聞く話です。それは、お互いに会社をよくしようと思っているからこそ。登山も、個々のメンバーが頂上に到達しようと真剣に考えているからこそ、そのやり方について意見が分かれたりする。方向性は違っても、目的は同じなのです。

このときは、隊長の重廣さんの判断でセラックを迂回するルートが最初に選択されました。その時点で、「だったら下りる」と言い出したメンバーもいましたが、迂回するルートは私たちが登る前に大崩落を起こします。結局、セラックを越えていくルートで山頂を目指すことになるわけですが、意見の分かれたメンバーを最後まで統率したのは、隊長の重廣さんの強力なリーダーシップだったと感じます。

会社のような組織でも、リーダーが間違いなく優れているのであれば、大きな成果を収めることができるでしょうし、そうやって大きく成長した会社もたくさんあると思います。一方で、リーダーの力が大きすぎて失敗する会社もあると思います。また、リーダーの力がすべてではなく、社員の能力や、時代や環境によっても、結果は違ってくるはずです。

それは、組織登山も同じです。どんな人がリーダーとなり、どんなメンバーを揃え、どんな戦術を立てれば登山が上手く行くか？　結果は、そのときそのときによって違ってくるものです。登頂するためには、どんなやり方がベストなのか、それを毎回考えることも含めて、山登りの魅力であり、奥深さだと私は感じるのです。

八〇〇〇メートル峰の頂に立つ

マカルーのときのような大規模な組織登山は、日本人がやってきた象徴的な登山だったように思います。ある意味、戦後の日本社会の象徴とも言えるでしょう。

一つの大きな目標を達成するために、一人一人が毎日着々と役割をこなしていく。タクティクスに則って、メンバーにはリーダーの手駒としての働きが求められる。飛車なら飛車、金なら金の動きが確実にできなければならない。マカルーのときは、学生二人を除けばドリームチームのようなメンバーでしたから、その点は非常に上手く機能していたように感じます。未踏のルートゆえにスピードはゆっくりでしたが、この仕組みの中にいれば、いずれは必ず頂上に到達する。そんな思いが、常に私の頭の中にはありました。

でも、正直なことを言えば、シシャパンマのときのように、今回も自分は頂上に立てないだろうなという気持ちもありました。

学生二人は、見習いみたいなものです。しかも、私は途中で熱を出して、四月一七日から二二日までBCに下りていました。幸い、高山病ではなく疲労から来る発熱だったらしく、体調はすぐに回復しましたが、一時は完全にルート工作のローテーションから外れてしまっていた。

重廣さんからは、全員登頂する可能性があるとは聞かされていましたが、私は登頂メンバーには入れないだろうと自分で思っていました。ところが、五月一七日。五六六〇メートルのC3で荷揚げ作業をしていると、「竹内、頂上へ行け」と、重廣さんからトランシーバーで伝えられたのです。

そこからは、非常に変則的なラストステージでした。一八日にC4（六三〇〇メートル）、一九日にC5（六八〇〇メートル）、二〇日にC6（七三五〇メートル）、二一日にC7（七六五〇メートル）へと登ります。そして翌二二日には、前日に登頂した一次隊に続き、二次隊の一員として私はマカルーの頂上に立ちました。

通常なら、ラストキャンプのあたりで時間をかけて体を高度に慣らすのですが、このときはC3から一度も下を向くことなく頂上に到達しました。それが可能だったのは、酸素ボンベを使った登山だったということもあったと思います。当時の日本では、八〇〇〇メートルを超える高所登山といえば、酸素ボンベを背負って登頂するケースが当たり前だったのです。

マカルーは、私にとって最初に登頂した八〇〇〇メートル峰ということになります。が、頂上に立ったとき、じつは特筆するような感激はありませんでした。

もちろん嬉しかったし、八〇〇〇メートル峰の頂上に立つことは念願でもありました。しかし、周到に計画された大規模な組織登山でしたから、まず感じたことは「マカルー登山隊が登頂した」ということであって、「自分で登った」という実感は、あまり得られなかった。

それに、この頃は「一四座完全登頂」ということは考えてもいませんでしたから、これで目標の第一歩を達成したという思いもなかった。これからもヒマラヤ登山を続けていきたい。その気持ちばかりが、強く残っていました。

見えてきた課題

振り返ってみれば、よりコンパクトな登山を考えるきっかけになったのが、マカルー登山だったかもしれません。この登山は出国から帰国まで四カ月かかりましたが、結果的に相当な荷物が余りました。未踏のルートを行くわけですから、万が一に備えて物資は予備の予備まで用意されていました。ですから、装備も食糧も大量に残った。その処理も、結構たいへんだったのです。

道具類、たとえばロープやプラスチックの樽のように生活用品として恒久的に使えるものは、チベットの人たちに買ってもらいました。タダであげてしまうと、もらった人ともらわなかった人との間で不平等感が生じますし、もらった人が売ったりすれば、経済的な格差を生む原因にもなってしまう。だから、ものすごく安い値段でしたが、ちゃんと現金で販売をしたのです。

運び込んだ食糧に関しては、現地の人は食べないし、欲しがりもしません。かといって、持って帰るには量が多いし、費用もかかる。本当にもったいない話ですが、余った食糧は大きな穴を掘って、そこで燃やしました。

物資が余ったことは結果であり、考え得る範囲で適切に処分されたと思っています。ただし、食べられるものを燃やしているときは、いい心地はしません。一緒に穴を掘った山本宗彦さんは、「俺たち、きっとロクな死に方をしねぇな」とこぼしていましたが、私も罰が当たりそうな気分でした。

現在の私の登山では、現地で調達できる物資はできるだけ現地で調達するし、少人数で登るため、荷物も自分たちだけで運べる量にまとめています。そして、持ち込んだものはゴミも含めてすべて持ち帰ってきます。

これは私に限った話ではなく、いまでは登山家の常識と言ってもいいことです。すでに述べたように、山に大量のゴミを捨てているのは、普段山に登らない人たちなのです。

手づくりの計画

マカルーに登った翌一九九六年、私は五月一七日にエベレストに、八月一四日にK２（八六一一メートル）に登頂します。

エベレストは、一九九一年に立正大山岳部がシシャパンマ登頂に成功したことを受け、「次はエベレストだ」と、大学OBたちが計画したものでした。OBから始まったことではありましたが、具体的な登山計画をつくり上げていくところから私は関わることになります。ですから、シシャパンマやマカルーのときに漠然と感じていた、「連れて行ってもらう」という意識はありません。もちろん私一人で考えたわけではありませんが、エベレストは「自分たちでつくり上げた」という印象をはじめて抱くことができたヒマラヤ登山だったように思います。

自分たちでつくり上げた登山計画といっても、なにも革新的なことをしたわけではありません。それまでの先輩たちがやってきた手法を取り入れた、非常にオーソドックスな計画で、基本的な部分はOBが考えました。

登山隊はOB四人と学生二人の六人でしたが、私が主に担当したのは物資の手配といった実務的なこと。これにはマカルーでの体験がとても役に立ったと感じます。

マカルーのときは、ありとあらゆるものを日本で用意して持っていきましたが、ネパールやチベットで買えるものもたくさんありました。が、現地で調達すると、そこでまた大量の荷物をパッキングしなければなりません。その労力を省く意味もあって、マカルーのときは必要と思われるものをすべて日本から持ち込んでいたわけです。

しかし、今度のエベレストは、大学山岳部の小さなチーム。現地で買えるものは現地で買い出しをしたほうが、安く手に入るし、輸送費の削減にもなります。

世間知らずな売り込み

マカルー登山隊のときと決定的に違っていたのは、とにかくお金がないことでした。買い揃えなければならないものがあれば、買う前に商品をつくっている会社に電話をかける。身分を告げ、登山計画を伝えて、「ご提供いただけませんか?」と、営業マンみたいなことを毎日やっていました。

当たり前の話ですが、電話をしても九割は断られます。こっちは無名の大学の山岳部ですから、商品を提供したところで会社にとっては何のメリットもない。それでも世間知らずの学生ですから、電話帳を見ながら片っ端から電話をかける。少しでも話を聞いてくれるところがあれば、「会ってください」とお願いして、押しかけて行って、エベレスト登山の計画書を見せて、協力をお願いする。本物の営業マンなら門前払いかもしれませんが、学生だからということで会ってくれる会社もあったと思います。そういう立場も大いに利用して、厚かましく訪ねて行ったことが何度もありました。

怒られたことも数えきれないくらいありました。でも、広報担当の人が山好きだったりして、本当に学生を応援してやろうという温かい気持ちで、賞味期限が近い商品やサンプルなどを提供してくれたときは、本当にありがたく、嬉しかったものです。

あと、山での食糧の定番にアルファ米というものがあります。アルファ化という特殊な乾燥処理をしたごはんで、水やお湯で戻せば簡単に美味しく食べられる保存食です。最近では非常時の備蓄食としても流通していますが、これもメーカーに提供をお願いしようということになった。しかし、もらうことばかり考えるのも図々しいので、実家が農業を営んでいるＯＢが生米を大量に用意し、その米をメーカーに持ち込み、無償でアルファ化してもらうという交渉をしました。

結果的に、エベレスト登山隊の食糧はすべて提供していただいたものでカバーできました。当時は、とっくにバブルは弾けていましたが、まだ日本の企業には余力があったように思います。

もしも、いまの大学の山岳部の学生たちが同じことをやったとして、はたしてどれだけの会社が協力してくれるか? メーカーは商品の在庫を極力抱えないようになりましたし、広報や宣伝の担当者が自分の裁量で学生に商品を提供するなんてことも、いまは難しいのではないでしょうか。それを思えば、当時はのどかで恵まれた時代だったような気がしてきます。

強い者が道をつくる

エベレストでは、私が強すぎました。体力や技術的に優れていたという意味ではなく、私が高度に順化するスピードが、他のメンバーよりも速かったということです。その理由は、前年のマカルーで八〇〇〇メートル超の高所を体験していたからだと思います。

もちろん、一年前の順化が残っているわけではありません。しかし、一年前に体験していることで、高所への覚悟のようなものができます。高所で味わう同じ苦しさでも、次はこれくらい苦しくなるぞと思って苦しくなった場合と、予想していなかった苦しさに見舞われた場合とでは、感じるストレスも相当に違う。苦しさを知っていれば踏み込んで行ける。知らなければためらいが生じる。その差が強さとなって表れたのです。

エベレストのルート工作をするのは、自分たちの登山隊だけではありません。世界の最高峰ですから、世界中から登山隊が訪れ、寄ってたかってルートをつくっていく。天候が悪くて進捗《しんちょく》が滞る日もあるのがヒマラヤ登山ですが、ルートが延びていくスピードにある程度合わせて先に進んで行かなければ、登頂のチャンスはどんどん少なくなってしまいます。

ところが、私以外のメンバーは高度順化に苦しみ、ルートの進捗になかなか追いつけなかった。結果的に、六人のメンバーのうち四人は登頂できなかったのです。

私はエベレストの頂上に立ちました。こう言うと、仲間を置き去りにして勝手に先に行ったと思われるかも知れませんが、弱い者に合わせていたら山は登れない。

学校の遠足やハイキングなどでは、一番弱い人を先頭にするケースもあります。しかし、弱い人のペースに合わせれば、チーム全体が弱くなり、結局は登頂という目的も果たせなくなる可能性が高くなる。

体力の消耗度は、山での行動時間の長さに比例します。のんびり登っていたら、明らかに疲れてしまう。ルートを延ばしていくためには、強い人間が先に立って進まなければなりません。

一番強い人間が道をつくり、その後を弱い人間が通れるようにする。それが基本的な考え方です。そもそも山の中にいること自体がリスクなのです。一時間かけて登るところを五〇分で登ることができれば、一〇分のリスクを減らすことができる。山の中でリスクを減らす方法は、それしかないのです。

頂上は大忙し

エベレストの頂上にたどり着いた瞬間、「ついに地球の頂点に立った!」といった感動は、とくにありませんでした。エベレストに限らず、一四座の頂上というのは、非常に忙しいのです。

登頂の記録を残すために、山頂では写真を撮らなければなりません。カメラを出してシャッターを切る、たったそれだけのことですが、八〇〇〇メートル峰のてっぺんでは、たいへんな作業です。

立っていられないほどの強風が吹いていることも珍しくありません。その風に抗《あらが》って頂上にへばりついて、指先が凍る寒さの中でミトンを外してカメラを取り出し、そこが頂上だとわかる構図を決めて、シャッターを押す。最近ではビデオを回すこともありますが、平地で操作するようにはいきません。

酸素が少ない山頂では、体の動きが恐ろしく鈍くなります。エベレストのときは酸素ボンベを使っていましたが、それでも体力は相当消耗していますから、動きは緩慢になる。相対的に、時間の流れが速く感じられます。もう、ぶっ飛んで行くくらいの感覚で時間が過ぎていく。とても感慨にふけっているような余裕はない。

登頂した嬉しさは感じますし、山頂からの景色も見てはいます。でも、そこで立ち止まるという雰囲気ではありません。エベレストの頂上で私が考えていたのは、「早く下りてK2に行かなきゃ」ということでした。

痛感した組織の限界

K2登山隊は日本山岳会青年部が組織したもので、中心となっていたのはマカルーのときの中枢メンバーでした。じつは、マカルー登山中に「来年、K2がある」と誘ってもらい、「はい、行きます」と私は即答していたのです。

　エベレスト・Ｋ２の継続登山は、当初から予定していたものでした。エベレスト登頂の後、チベットから陸路でネパールへ行き、そこで私は立正大隊のメンバーたちと別れ、飛行機でパキスタン入り。Ｋ２登山隊とは、ＢＣで合流しました。

　Ｋ２登山隊のメンバーは一九人です。隊長はマカルーでも一緒だった山本篤さん。当時三三歳で、他のメンバーは全員年下。とても若くて元気のあるチームでした。が、少しばかり若さが裏目に出たようなところもありました。

　メンバーはＯＢも含めて一〇の大学から選ばれていたのですが、大学の山岳部にはそれぞれのカラーがあります。それが、いつの間にか大学対抗みたいな雰囲気になってしまった。

　前述したように、立正大山岳部にはそれほど強い個性はありませんが、法政、明治、早稲田といった山岳部は、実績があります。雪山では、雪や氷を溶かして必要な水を調達しますが、その水のつくり方からして独自の方法があったりする。そういった些細《ささい》なことで、意見が分かれたり、対立したりするようなこともあった。

　しかし、それ以上に私がＫ２で感じたのは、いわば組織登山の限界というものでした。

シシャパンマやマカルーのときのように、K2登山もはじめから全員が頂上に立てる計画ではありませんでした。おそらく、多くても一〇人程度しか登頂できないタクティクスだったでしょう。ラストステージで使用するために準備されていた酸素ボンベの数も、それくらいでした。隊長の山本さんの頭には、登頂メンバーを限定することで、若いメンバーたちを切磋《せっさ》琢磨《たくま》させようという考えもあったのかもしれません。

そんな狙いが功を奏したのか、メンバーは頑張っちゃったのです。サミットプッシュの段階で、準備ができていた元気なメンバーがたくさんいました。でも、全員が頂上まで行くことはできない。

頂上に立ったのは、一二人でした。私もそこに入っています。K2は〝非情の山〟とも呼ばれ、登るのが世界一難しいと評するクライマーもいます。そこに一二人ものメンバーが登頂できたことは、組織登山としては大成功と言えるのですが、山頂から下りてきたとき、私は複雑な気持ちを味わいました。

キャンプには、行動を共にしながら登頂できなかったメンバーが待っています。その人たちの前で、登頂できた嬉しさを素直に表現することができない。なんだか申し訳ないという気持ちが出てくるのです。

それは、マカルー登頂のときにも味わった思いでした。それまで一緒に登山隊を支え、なおかつ登頂できる条件に適《かな》っているのに、最後の最後で頂上に立てない人が出てくる。これは、とても不合理です。最初からそういう計画だったと言えばそれまでですが、だとしたら、組織登山のシステムそのものに問題があるように私は感じました。

もっと他に登る方法があるのではないか？

そんな疑問を抱いたことが、従来の日本の組織登山から脱却し、少人数でチームを組むコンパクトな登山を志向するきっかけになったのです。

第三章

決意と覚悟

はじめて参加した国際公募隊での1枚。右から5番目が著者

山と宗教

一九九八年の春、私は立正大学を卒業しました。大学に八年もいたのは、山登りと無関係ではありません。卒業の前年にも再びエベレストに行きましたが（このときは天候不良で登頂できず）、ヒマラヤ登山は準備まで含めれば数カ月を要します。ですから、山に行く予定があると、大学には行けなくなってしまう。

こんなことを言うと、何のための大学なのかと叱られそうですが、私にとっては山に登るために入ったも同然。いろいろな意味で、学生の身分だからこそ山登りに専念できた。社会人であれば、世間知らずな顔をして企業に協力をお願いしに行くわけにもいかなくなります。

本当なら、残された期間で必要な単位を全部取るのは無理でした。でも、いろんな書類を提出して履修制限を免除してもらい、毎日朝の九時から夜の一〇時頃まで、二部の授業も受けて、どうにか全単位を取ることができた。日本山岳会に入会するときに推薦人になってくれた宇田川さんが、学内を奔走してくれたおかげでもありました。

卒業論文は、「山と宗教」をテーマに書きました。仏教には須弥山《しゅみせん》世界というコスモロジー（宇宙論）があります。この「須弥山」がどこなのかというのは長い間議論の的でしたが、いまではカイラスであろうと言われています。

宗教というのはアニミズムから始まっていて、山を神として崇めることは、ごく当たり前に行われていました。ヒマラヤのように峰が連なっている山を見ていてもあまり感じませんが、チベットの礫《れき》砂漠の中に巨大な白い塊がドーンと置かれたようなカイラスを見れば、誰でも人知を超えた印象を抱くはずだし、大昔の人たちはきっと拝んだことでしょう。しかも、カイラスからは三つの川が流れていて、一つはインダス川に、一つはガンジス川に、一つは長江になる。仏教を考え出したインド人にとっても、カイラスという山は不思議な存在だったに違いありません。

日本でも富士山信仰や山岳信仰が古くから庶民の間で根付いていたように、山と宗教が結びつく例はたくさんあります。そういう意味でも、山には宗教を生み出すような一面がある――。

といったことは、本を読めばいくらでも書いてあります。そういう話に、自分がチベットやパキスタンで見た現地の人々の生活への印象などを付け足して卒論にしたわけです。

最終の口頭試問は、普通なら三〇分程度で終わるらしいのですが、私の場合は一時間半くらいかかりました。その間、山の話を延々としゃべっていた。

ヒマラヤ登山には欠かすことのできないプジャの儀式

たとえば、ヒマラヤの山に登る前に必ず行われるプジャという祈禱《きとう》の儀式。石積の祭壇にチベット仏教の五色の旗を飾り、聖なる頂に登る許しを山の神に乞《こ》い、登山の安全を祈願する。宗教観の異なる外国人クライマーたちも、ラマ僧と一緒になって祈りを捧げます。

教授も宗教の専門家ですから、チベットやパキスタンでの私の体験にはものすごく興味があったようで、熱心に聞いてくれました。私が書いた卒論はテーブルの上に置かれたまま一度も開かれることはありませんでしたが、「優」の評価をいただき、無事に卒業することができました。いまなら許されないかもしれませんね。

二七歳の就職活動

大学を卒業したらどうするのか？　じつは、あまり真剣に考えたことはありませんでした。山の先輩たちの中には、私の卒業後の進路を心配してくれる人もたくさんいましたが、私自身、こういう仕事がしたいという明確な希望は持っていなかった。大学に八年もいて、二七歳にもなっていたというのに、とってもダメな人でした。

六月になって、私は、アウトドアスポーツ用品の専門店ＩＣＩ石井スポーツに就職が決まります。当時の社長だった横田正利さんは、東京緑山岳会という組織に所属していた、山の世界でも名前の知られた人です。もちろん私も知っていたのですが、横田さんに直接私を引き合わせてくれたのは、野外活動からおつき合いが続いていた桜井義維英さんでした。

面接を受けに行くと、横田さんも私のことは知っていたらしく、その時点で私を雇い入れてくれることは決めていたようでした。私は社会人になってもヒマラヤへは行くつもりでしたから、その話をすると、山に登るときは休職扱いにすることも承諾してもらえた。自分の得意な分野で仕事ができて、山登りも続けられる。たいした就職活動はしなかったけれど、結果的には非常に恵まれた職場を得ることができました。

石井スポーツでの私の仕事は、販売員です。勤務先は新宿西口店。学生時代からお客として石井スポーツの店には足繁く通っていましたが、新宿西口店はほとんど行ったことがありませんでした。いまだから言えることですが、その当時の新宿西口店は、ここで買い物しようという気にはならないような、パッとしない店だったのです。

お客を呼ぶ販売員に

その頃の石井スポーツの店舗の品揃えは、店長の裁量にある程度任されていました。私が就職したときの新宿西口店の店長は好人物でしたが、用具のラインナップなどには少々疎い人でした。

店内に並んでいる商品を見ても、関連づけがほとんどされていなかった。たとえば、缶詰を売るなら缶切りも一緒に売るとか、ライトを売るなら電池も一緒に売るとか、そういった単純なことができていなかったわけです。

私は客としては目が肥えていましたから、そういうところにはすぐに気がつきます。これとこれを同じ棚に置けば一緒に買ってもらえる、この商品を扱うならあの商品も置かなきゃならない。そんな提案をすると、店長も任せてくれたので、品揃えを一から見直していきました。

こう言うと、店を大胆に改革したように思われるかもしれませんが、単にダメだったものを普通にしただけの話。要は自分が買い物しやすいように商品を揃えただけなのです。それでも、少しはお客さんも増えたように思います。また、私自身もお客さんを集めるために、いろいろな努力をしました。

大学時代から、私は文部省登山研修所（当時）の講師をしていました。ボランティアみたいなものですが、マカルー登山隊のメンバーだった渡邉雄二さんが登山研修所の専門職員で、渡邉さんが私を講師に登用してくれたのです。

研修会には山岳部の学生がたくさん集まります。その学生たちを手当たり次第に店に連れてきた。私としては、店員と客の関係ではなく、山の先輩と後輩という関係で彼らと接していました。自分が働いている店なら、商品を見せながら用具についてのアドバイスもできますし、なにより、後輩たちが不十分な装備で山に登るようなことがあってはならないと思っていたのです。

学生は、お金がありません。「次の登山ではこれだけの装備が必要だけれど、お金がないから買えない」という学生もときにはいました。そんなときは、「代金は後払いでいいから」と言って商品を渡していました。自分自身が多くの先輩たちから助けられてきたわけですから、自分も後輩たちに対しては、できる限りの応援をしたいという気持ちだった。

もうバレていることなので白状しましたが、もちろん当時は会社に内緒でやったことです。飲み屋のツケみたいなものだから、後で回収できればいいと思っていた。掛け売りをした学生たちが、もしもお金の工面ができなかったときは自分が立て替えるつもりでしたが、最終的に代金を払わなかった学生は一人もいませんでした。

一般のお客さんに対しても、リピーターになってもらおうと、あれこれ考えました。その一つが登山ツアーです。

私はガイドの資格も持っていましたから、東京近郊の山に登るツアーを企画して参加者を募集したのです。店に貼り紙をしたり、買い物に来たお客さんに声を掛けたり。これが予想以上に好評でした。

店で商品を販売するときは、その場でアドバイスはできますが、ある意味で売りっぱなしみたいなところがあります。一方、買ってもらった商品を実際に使う場面に同行できれば、もっと詳細なアドバイスもできるし、そのお客さんに必要な用具を薦めたりもできる。

このツアーでリピーターになってくれたお客さんも、たくさんいました。それは、店の売上げに貢献することにもなりますが、私自身は新宿西口店のお客さんを増やしたいというよりも、自分のお客さんを獲得したいという思いが強かった。

社員になっても、毎年のように山には行くつもりでしたから、年に何度かは休職することになる。そのときに、「竹内がいなくても何も変わらない」と思われるわけにはいかない。私がいるから新宿西口店に来るというお客さんが一人でも多くいれば、休職も認めてもらえると考えていたわけです。

目的は登頂だけではない

実際に、石井スポーツに入社した翌一九九九年から、私は毎年海外の山を登るようになりました。

一九九九年に、チベットの未踏峰リャンカンカンリ（七五三五メートル）に登頂。翌二〇〇〇年にはカナディアン・ロッキーのアルバータ峰（三六一九メートル）に行きますが、こちらは登頂できませんでした。

そして、二〇〇一年。私にとって大きな転機となる登山を経験します。登ったのは一四座の一つ、パキスタンにあるナンガ・パルバット。

日本の伝統的な組織登山ではなく、もっとコンパクトな登山を求めていた私は、はじめて国際公募隊に応募しました。誘ってくれたのは、女性登山家の大久保由美子さん。彼女が大学院のフィールドワークで私にインタビューをしたことがあり、そのときに「次に登りたい山はどこか?」と聞かれ、私はナンガ・パルバットの名前を挙げました。

一九五三年にオーストリア人のヘルマン・ブールが初登頂したナンガ・パルバットは、私が登ってみたい山の一つでした。すると、大久保さんも偶然ナンガ・パルバットに登る予定で、「一緒に行く?」と言って国際公募隊を紹介してくれたのです。

世界中から集まった見ず知らずのクライマーたちと一緒にチームを組んだ経験はありません。英語もしゃべれない。でも、大久保さんが一緒なら彼女を頼ればいいかな、とアテにしていたら、出発の直前になって大久保さんが病気で行けなくなってしまった。

公募隊という仕組みがあり、世界中の多くのクライマーがこのシステムでヒマラヤ登山をしていることは知っていました。でも、まだ日本の登山家で国際公募隊を活用している人はほとんどいませんでしたし、それが自分の求めている山登りの方法なのかということも、当時はわからなかった。

公募隊では私はクライアント、つまり、お金を払って参加するお客さんです。ナンガ・パルバットのときは、ドイツ人、スペイン人、オーストラリア人、リトアニア人……、本当に世界各国からクライアントが集まってきていました。

そのクライアントを束ねていたオーガナイザーが、ドイツ人のラルフ・ドゥイモビッツ。私よりも九歳年上の国際山岳ガイドで、経験も豊富なクライマーです。といっても、公募隊の隊長というわけではなく、山に登るために必要なクライアントの煩雑な手続きを代行し、登山では進行役を務めるのが主な役割です。

ヘルマン・ブールは、無酸素でナンガ・パルバットの初登頂を果たしました。私が参加した公募隊も、酸素ボンベは使いません。過去に登った八〇〇〇メートル峰は、すべてラストステージで酸素を使っていましたから、私にとっては今回がはじめての無酸素での八〇〇〇メートルということになります。が、さほど心配はしていませんでした。

標高八一二六メートルのナンガ・パルバットは、一四座の中でも低いほうです。それに、当時の酸素ボンベは一本約五キロある。エベレストのときは二本背負って登りましたが、重い荷物が増えれば負担になることは間違いありません。それに、エベレストやK２に行ったときに無酸素で登っている外国のクライマーたちの姿も目にしていましたから、「むしろ軽くなるから楽かな?」というくらいに考えていました。

実際に、ナンガ・パルバットは無酸素という条件に苦しめられることなく登頂することができた。多くの遭難者を出し、〝魔の山〟とも呼ばれているナンガ・パルバットですが、この登山で私はいままでに感じたことのない楽しさを体験したのです。

それまでのヒマラヤ登山は、頂上に到達することが目的になっていました。しかし、ラルフたちの登山は、少し違っていた。頂上に立つことはもちろん目的の一つではあるけれど、彼らは登山そのものを楽しむために登っていたのです。これは、公募隊に参加して私が得た、もっとも大きな経験でした。

非日常を楽しむ演出

ナンガ・パルバット登山では、まずBCの雰囲気からして日本の組織登山とは違っていました。マカルーのときのBCは荷物の集積が最優先事項で、そこで人が生活するということは二の次。ときに食事は立ったまま食べ、食べ終えたらすぐに荷揚げ作業に戻る。軍隊の演習か山岳部の合宿にでも来ているかのような状況でした。

一方、ナンガ・パルバットのBCは、山での生活を楽しむための場所になっていた。テントの中には大きなダイニングテーブルが置かれ、きれいなテーブルクロスが掛かり、花瓶には花が生けてある。週末になればダンスパーティが催されるし、メンバーの誰かが誕生日だったりすれば、ケーキが焼かれて盛大にお祝いをする。

非日常的な状況だから不自由さをガマンするのが日本のBCだとすれば、非日常的な時間と空間を思いっきり楽しむのがラルフたちのBCです。ナンガ・パルバットのBCは四二〇〇メートル地点で、一四座の中でも標高の低いところです。だから足元は氷河でも岩でもない。土の上のキャンプだから快適に過ごせるし、快適に過ごせる環境をラルフたちはとても大事にしていた。

ヘルマン・ブールが初登頂したときのBCは私たちとは違う場所ですが、そこは草地に小川が流れ、季節の花が咲いていて、下の村で飼われている牛や馬が草を食《は》みに上がって来るといいます。その場所はドイツ語で〝メルヘン・ヴィーゼ〟と名付けられています。おとぎ話に出てくるような牧場、という意味です。そういう美しい場所ですから、そこで生活しているだけで「この山に登りに来てよかった」と感じることができる。

実力が問われるチーム

チームワークという考え方も、それまでに私が体験した登山のあり方とは違っていました。日本の組織登山では、役割をきっちりと分担し、着実に行動へ移すことがチームワークの基本になっています。ところが、ナンガ・パルバットでは、クライマーたちはそれぞれの意思で行動していた。

たとえば、Ｃ２に向かうという日。出発時刻を決めて全員で一斉に登り始めるということはありません。早朝に出て行く人もいるし、午後になってから出て行く人もいる。「今日は行かない」と言って翌日にＣ２に入る人もいれば、「体調が悪いから止める」といって下山する人までいる。

チームを組んで登ってはいますが、メンバーは個人の責任で行動します。必要な場面では協力し合うけれど、基本は自由行動。それぞれが自分の体調やペースに応じてそのときどきの予定を考え、自分の判断で登る。公募隊のスタイルは、登山隊の任務遂行のためにメンバーが働くのではなく、個人の山登りを支援するための組織化なのです。

もちろん、個人で登れるだけの力量をメンバー全員が備えていなければなりません。日本の組織登山であれば、経験の浅い者を連れて行き、山に登りながら指導し、育てるということができます。私自身、シシャパンマやマカルーやエベレストなどでは、先輩登山家たちからさまざまなことを学び、育ててもらったと感じています。これは組織登山ならではのメリットであり、大きな意義でもあると思っています。

その点、公募隊にはメンバーの誰かを育てるという意識はありません。中には初心者を対象にした公募隊などもありますが、ヒマラヤ登山の公募隊のほとんどは、上下関係で動くのではなく、お互いの力量を認め合ったパートナーシップで動きます。

ナンガ・パルバットのサミットプッシュのときも、〝登れる人〟はみんな登頂しました。公募隊では、登れるか、登れないかは、登山隊の組織力ではなく、メンバー自身の実力次第なのです。

登山隊のコミュニケーション

はじめて参加した公募隊で、もっとも心配していた異国の人たちとのコミュニケーションも、いざふたを開けてみたら、それほど大きなストレスにはならなかった。

英語は苦手です。言いたいことが伝えられず、困ったことは散々ありました。でも、メンバーたちも「こいつは英語がしゃべれない」と思って私と接している。みんな易《やさ》しい英語を使って話してくれるし、私の拙《つたな》い英語も理解してやろうと思って耳を傾けてくれる。

どうしても言葉で伝えられないときは、絵を描いて説明したりすることもありました。言葉というのは、所詮は道具に過ぎません。コミュニケーションの輪の中に立ち入っていこうという気持ちがあれば、ある程度の意思の疎通は図れます。自分からコミュニケーションのチャンネルを閉ざしさえしなければ、なんとかなるものです。

ナンガ・パルバット登山のとき、私は三〇歳でしたが、同じ年のスペイン人女性もいたし、私と同じ年の息子がいるというお母さんクライマーもいた。バラバラなのは国籍だけでなく、年齢も、性別も、職業も、本当に多種多様でした。これも、日本の組織登山ではなかなか感じることができない雰囲気です。その中にあって、日本人は欧米の人に比べると実年齢よりも若く見られますから、みんな私のことを「ヒロ」と呼んで、かわいがってくれた。

K2登山のとき、メンバーが出身大学によって対抗意識を持ったと書きましたが、ナンガ・パルバットではそういうライバル関係もなかった。言葉の関係で、ドイツ人同士、スペイン人同士、オーストラリア人同士で固まることはありましたが、たった一人の日本人の私が孤立するようなことはまったくありませんでした。

国際公募隊という山登りの仕組みに出会ったことで、私は日本人の登山が「組織」から「個人」へと移り変わる予感がしました。もちろん組織登山を否定するわけではありませんが、社会や経済の情勢が変わったことで、大規模な登山隊による計画は以前ほど組まれなくなっていました。

これは、ヒマラヤに行くチャンスが減ってしまったということでもあります。それに代わる機会をつくるという意味で、国際公募隊の仕組みを日本人が広く利用するようになれば、組織登山とは違った道が拓《ひら》けていくのではないかと感じたのです。

たとえば、野球やサッカーなどのスポーツでは、国内のリーグや特定のチームから飛び出し、個人のプレーヤーとして世界を舞台に活躍する選手がすでにたくさん現れています。同じように、登山の分野でも組織として登頂するのではなく、個人の実力と、自分らしさを表現できるスタイルで、頂上を目指す時代が来ていると思えた。

組織の力に比べれば、個人の力は小さなものかもしれません。しかし、国際公募隊に参加する人の多くは、フリーランスのクライマーたちです。どこにも所属していないクライマーには、登山のプランに応じて世界中のいろいろな人たちと連携できるという強みもあります。

それまで知らなかった新しい世界へと自分は踏み込んだ――。そんな期待を、ナンガ・パルバットでの経験から私は感じ取ったのです。

コンパクトな登山の始まり

二〇〇二年。この年は山に登りませんでした。理由は、忙しかったからです。仕事ではなく、プライベートです。結婚しました。

相手は学生時代からつき合っていた女性です。結婚することは、私が就職して落ち着いたときに決めて、二〇〇〇年くらいから二人で貯金を始め、目標にしていた金額に達したから結婚したのです。

妻は看護師です。高校生まで参加していた野外活動で知り合った女性ですが、山登りはしません。一緒に近郊の山へ行ったり、体験的に岩登りに連れて行ったりすることはありましたが、あまり関心はないみたいです。私も、山登りのパートナーとして彼女と結婚したわけではありません。

ナンガ・パルバットから帰ってきてすぐに、ラルフからメールが届きました。二〇〇三

ラルフ（中央右）やガリンダ（中央左）たちとの1枚

年にカンチェンジュンガ（八五八六メートル）に登るつもりだけれど一緒に行かないか、という誘いでした。これは公募隊への勧誘ではありません。仲間と楽しむ登山のパートナーとして、ラルフは私に声をかけてくれた。

後にラルフの妻となるガリンダ・カールセンブラウナーは、一九七〇年生まれのオーストリア人。私と同い年ですが、ヒマラヤ登山に関しては私よりも実績がある。後に女性初の無酸素での14サミッターになりますが、ヨーロッパではもっとも有名な女性クライマーの一人です。

彼らが私を誘ってくれたのです。ヒマラヤ登山の先輩が、ナンガ・パルバットで一度一緒に登っただけの無名の日本人、しかも英語も満足に話せない私をパートナーに選んでくれたことは、正直言って驚きでした。

ネパールとインドの国境にあるカンチェンジュンガは、世界で三番目に高い山。登頂も非常に難しい山です。その登山のパートナーが、なぜ私なのか？　面と向かって尋ねたことはありませんが、体力も、技術も、経験も、知識もある二人が、私を選んでくれたことはとてもうれしいことでした。

私自身は、ラルフとガリンダに対しては「何度でも一緒に登りたい」と思うし、「彼らと一緒なら登れる」という信頼感を抱くことができます。同じような印象を、もしかしたら彼らも私に対して少しは抱いてくれているのかもしれません。

退くときは迷いなく

しかし結果的に、カンチェンジュンガは登頂できませんでした。七四〇〇メートル地点のC3までは登ったのですが、最悪の天候が続き、待機している間に食糧が尽きてしまった。予備の食糧を大量に運び込んで確実に登頂を目指す組織登山とは違い、少人数のコンパクトな登山はシェルパも使いませんから、自分たちで運べる最低限の荷物で山に入ります。サミットプッシュが可能な天候にならなければ、登頂は断念するしかありません。

こうして頂上に立てなかったケースは、記録では「敗退」と表現されることがあります。しかし、残念ではありますが、下山するときは「敗れて退く」という悲壮感はそれほどありません。

行くという選択も、行かずに下りるという選択も、同じ自己判断です。自分自身の意思と責任とで決めたことなのですから、決めた後に迷いや悔いは一切ない。「今回はダメだったから、また来よう」と気持ちを切り替えて下山できるのも、組織に属さない個人の登山だからだという気がします。

ラルフやガリンダとは、翌年にシーフェン・ピーク（七二六三メートル）とシシャパンマ南西壁とアンナプルナⅠ峰（八〇九一メートル）の連続登山に挑みます。シーフェン登頂の後、シシャパンマはラルフが落石を受けるアクシデントに見舞われたために「敗退」しましたが、私にとって五つ目の八〇〇〇メートル峰となるアンナプルナⅠ峰は、無事に登ることができました。

本当は、そこで二〇〇四年の私のヒマラヤ登山は終わるはずでした。が、続けてガッシャブルムⅠ峰（八〇六八メートル）と、ガッシャブルムⅡ峰に登ることをラルフから誘われたのです。

一も二もなく「行きたい！」と思いました。でも、即答はできなかった。ラルフたちと一緒に行動すれば、引き続き二カ月はヒマラヤに滞在することになります。当然、仕事は休まなければならない。

最初は会社に電話をして、休職の延長をお願いしようかなとも思いました。しかし、この判断ばかりは自己責任というわけにはいきません。社会人である以上、会社のルールはないがしろにはできない。私は一時帰国して会社に出向き、社長の横田さんに直接相談しました。そして、あと二カ月休ませてもらうことをお願いして、とんぼ返りでパキスタンに飛びました。

ガッシャブルムはⅠ峰は登頂しましたが、Ⅱ峰は悪天候で登山中止になりました。この連続登山のために、私は四カ月以上も会社を休職したわけです。それを許してもらえるような職場に就職できたことは、登山家という人生を歩む上で非常に恵まれたことだと感じています。

生死の境をさまよう

ラルフのアクシデントで登れなかったシシャパンマ南西壁は、翌二〇〇五年に再び三人でチャレンジしました。そして、五月七日に登頂。私にとってシシャパンマは学生時代にはじめて登った八〇〇〇メートル峰であり、登頂メンバーに選ばれなかった思い出のある山ですが、三度目の挑戦にして頂上に立つことができたわけです。

続けてエベレストに向かいました。すでにエベレストは一九九六年に立正大山岳隊として登頂を果たしていますが、そのときは酸素ボンベを使用した登山でした。ラルフたちとの登山は無酸素です。

前章で、はじめてヒマラヤに行った一九九一年以降は、正確な年表となって思い出すことができると述べました。でも、振り返ると、この年のエベレストだけは、私自身の記憶の中で唯一、空白の時間とともに刻まれたヒマラヤ登山なのです。

思い出せないのではなく、「記憶がつくられていないのだ」。後に私は医師からそう告げられました。ですから、これから書こうとしているエベレストの七五五〇メートル付近での出来事は、ラルフやガリンダから聞かされた話が中心になります——。

五月二八日。C5（七五五〇メートル）を目指して登っていると、一足先にテントサイトに着いたガリンダが、前方で手を振っているのが見えました。私も手を振って応えようとしたとき、頭の後ろの奥でジジジッという雑音のような音がした。

景色が白黒になり視界がぼやけてくる。自分の心臓の音ばかりがやけに大きく聞こえる。息をしていないことに気づく。体を支えていられない。ラルフが何か叫んでいる。苦しい。自分に何かが起きている。今度はガリンダが何か言っている。「NO!」という大きな声が聞こえる……。

私が覚えているのは、そこまでです。意識不明になって倒れた私を、ラルフとガリンダはC5まで担ぎ上げました。意識はすぐに戻ったらしいのですが、私の記憶は混沌としています。

大急ぎで設置されたテントに私は寝かされ、ガリンダが靴を脱がせる。ラルフはテルモス(魔法瓶)に入ったお茶を飲ませようとするけれど、口にした途端、私は吐き出す。お茶を吐き出した後で、胃液を吐き出し、さらに血を吐き出す。

薬剤師の資格を持つラルフが、高山病の治療に使われるアセタゾラミドと痛み止めを飲ませようとします。しかし、それも受け付けずに吐き出す。

写真を撮れ、ビデオを回せと、私はラルフに訴えていました。自分の死に際を感じていたのかもしれません。七五五〇メートルの高所にいるというのに、脈拍は三〇にも満たない。体温もどんどん下がり続けていく。

ガリンダは衛星電話でオーストリアのドクターと連絡を取り、私の症状を伝えます。看護師の資格を持つガリンダは、ドクターの指示で強力な抗炎症薬デキサメタゾンを静脈に注射。舌下には狭心症の治療薬であるアダラートのカプセルが押し込まれる。

私の意識がはっきりしたのは、翌日の朝になってからでした。その場で診断してもらったわけではなく、下山してから医師に言われたことですが、どうやら私は脳に血栓ができて突発性の脳梗塞《のうこうそく》を起こしていたらしい。

命を取りとめる

高所から下りた後で血液検査をすると、ヘモグロビンの量が極端に増えています。低酸素と脱水のせいで、通常であれば処置しなければならない数値にまで血液が濃くなっている。血がドロドロの状態は、下山して東京に帰ってきても続いていますから、ヒマラヤの高所にいる間は、かなり脳血栓のリスクは高くなっているといってもいいでしょう。

過去に、体力も技術も優れた登山家が、なんてことのない斜面で滑落して命を落としたというような事故はたくさんあります。あくまでも私の推測ですが、そういう事故の中には、突発性の脳血栓を発症して意識を失ったケースも少なくないと思うのです。

こういうことを書くと、ヒマラヤ登山は危険だという印象を持たれるかもしれません。でも、どんなスポーツでも、どんな仕事でも、リスクは必ずあるものです。大事なことは、そのリスクを隠さないこと。そして、リスクへの対処も含めて、すべてをオープンにすることだと私は考えているのです。

たとえば、水分を大量に補給すれば、血栓を予防する効果は期待できます。高所のルート工作中などは、ハイキングのようにこまめに水を飲むことはなかなかできませんが、それでも脱水症状を回避する意識を忘れなければ、リスクも間違いなく減らせるはずです。

私の場合、幸いにも血栓が自然に溶けたか動いたかで、命を取りとめました。ただ、脳梗塞を起こしている間の記憶がないのです。人間の記憶は脳の海馬というところでつくられますが、海馬は低酸素状態に非常に弱い。低酸素症や一酸化炭素中毒になると、脳の中では海馬の機能が最初にストップして、記憶がつくられなくなる。そのような説明を、帰国後に検査を受けた病院で医師から聞かされました。

私がエベレストから生きて戻って来られたのは、もちろんラルフとガリンダのおかげです。翌朝、状況を飲み込んで、二人に申し訳ないと感じた私は、「自分は一人で下りるから二人で頂上へ行ってくれ」と言いましたが、ガリンダにはこっぴどく怒られました。それはそうです。実際に、その日の私は痛み止めを二倍飲んで、二人に支えられるようにして、ようやくBCまで下りることができたわけですから。

エベレストで意識不明に陥《おちい》った体験も、私の登山のキャリアの中では大きな失敗の一つです。しかし、自分の登山人生を考えると、このときの体験が〝山登りのプロフェッショナル〟への入口になりました。言い方を換えれば、山に登ることの〝覚悟〟が、自分の中にできあがったのです。

〝プロ登山家〟の志

「辞めさせてください」

と、会社に申し出たのは、九月頃だったでしょうか。エベレストから戻ってきてから、自分の体調は明らかにおかしかった。

たまたま店のスタッフが一人減り、仕事も増えていました。自分にできない仕事量ではなかったのですが、体の状態が万全ではない。それでも休職明けということもあり、知らず知らずのうちに無理を重ねていたのかもしれません。だるさが続き、体重はどんどん減っていく。口内炎がいつまでも治らない。そのうちに見たこともない白濁した小便まで出るようになった。

とにかく体を治すことが先決だと思ったのです。会社を辞めるか、もしも急に辞めて迷惑がかかるのであれば、アルバイト扱いにしてもらおうと、私は会長になっていた横田さんに相談しました。すると、会長と松山社長からは新たな雇用契約が提示されました。

「辞める必要はない。登山に専念できるように契約を変えてあげるから、まずは体をゆっくり休めなさい」

つまり、店には立たなくてもいい、石井スポーツの社員として山に登れ——という雇用契約です。会社への貢献が認められたのか、それとも辞めさせるのもかわいそうだと思われたのかはわかりませんが、私にとっては非常にありがたい条件です。

このときから、「山に登ること」が私の仕事になった。給料は定額でボーナスもありませんし、山に登って報酬が出るというわけでもありません。ですから、登山でお金を稼ぎ出すという意味でのプロ意識は、まだ芽生えていませんでした。でも、この頃から私の登山を応援してくれるスポンサーもぼちぼち現れ始めていた。

翌二〇〇六年。私はカンチェンジュンガとローツェ（八五一六メートル）の連続登山に挑みます。カンチェンジュンガは、三年前にラルフとはじめてパートナーを組んで登った山。そのとき登頂を果たせなかった山に、再びラルフたちと登ることにしたのです。じつを言うと、まだ体調には若干の不安がありました。それでもカンチェは無事に登頂を果たします。

登山に生きている感覚

続いてローツェに挑みました。エベレストと峰続きになっているローツェは、ルートとしてはそれほど難しい山ではありません。ラストキャンプの手前までは、エベレストのノーマルルートを登って行きます。テクニカルな難所が待ち構えているわけでもない。私たち三人は、ローツェよりも高いカンチェに無酸素で登頂した後ですから、高所にも順応しています。頂上まで、シングルプッシュで登って行きました。

標高八四五〇メートル付近。もう頂上は視界の先にあります。でも、そこから三人は引き返しました。ラルフも、ガリンダも、私も、登れなかった。カンチェの疲労と、八五〇〇メートル近い高所の環境が、私たちの足を止めたのです。

そこで無理をして、ゆっくりでもいいから登り続けていれば、頂上に立つことはできたかもしれません。しかし、頂上は山登りのゴールではない。無事に下山して、はじめて登山は完結します。強行すれば、日が落ちる前にラストキャンプまで戻ることは不可能でした。もしかすると、戻ってくる体力までも尽きていたかもしれない。あそこで引き返したことは、適切な判断であり、最善の選択だったのです。

せっかく会社から好条件を与えてもらったのに、「敗退」の報告をしなければならなかったのは、少し心苦しい思いもありました。が、カンチェからローツェへと継続して登っている間、私自身は「登山に生きている」という実感を強く持つことができた。

それまで趣味だった登山が、もう趣味ではなくなっていた。帰国したときには、私は〝プロ登山家〟という生き方をはっきりと意識していました。

覚悟のプロ宣言

二〇〇六年の秋、正確な日付は覚えていませんが、私はプロの登山家として生きていくことを宣言します。「職業は?」と聞かれて、「プロ登山家です」と名乗るようになったのは、このときからです。

三五歳。他のスポーツのアスリートであれば、肉体のピークは過ぎていると言えるかもしれません。しかし、山では三五歳という年齢はまだまだ若輩です。それに、私はお金を稼ぐためにプロ宣言をしたわけではない。プロ宣言は、登山の世界で生きて行く〝覚悟〟を決めたという意思表示なのです。

単純に「登山家」でいいじゃないか、とも思いました。でも、世の中には「○○家」を名乗る人はたくさんいます。それって、職業としてどうなんだろうと、いろいろな「○○家」を調べてみたら、ある共通点に気づいたのです。それは、資格がいらないということ。

多くの人たちから認知され、実社会で活躍している「○○家」もいます。建築家などはその代表です。しかし、多くの「○○家」という肩書きには何の裏付けも必要ない。つまりは自称であり、誰でも勝手に名乗ることができるのです。

しかも、登山家という〝仕事〟は、人に見せにくい。だから、「自称、登山家」では、ちょっと胡散臭《うさんくさ》いかなという気がしたのです。

また、自称というのは自分の都合で名乗っているわけですから、都合が悪くなったらいつでも看板を下ろすことができます。今日限りで辞めたと言っても、誰からも文句は言われない。そういう存在として見られたくはなかった。他のスポーツのプロ選手と同じように、登山をプロスポーツと位置づけ、その世界の魅力を多くの人たちに伝えられる存在でありたいという決意を込めて、私は「プロ登山家」の肩書きを使うことにしたのです。

では、スポーツとしての登山とは何なのか？　スポーツにはルールがあります。一方、登山にはルールもなければ審判もいません。だからといって、勝手気ままに登っていたら、それではスポーツとは言えない。

ルールがないからこそ、スポーツであるためには自分でルールを定めなければなりません。たとえば無酸素で登ることや、シェルパを使わないといったこと。どんな道具を使うのか、どんなスタイルで登るのかといったこと。それらも含めて自分でルールを決め、すべてを公表しなければならない。

審判は自分自身です。自分にフェアであり、自分でジャッジしていかなければならない。頂上の手前までしか行っていなくても、誰も見ていないわけですから、「登頂した」と言ってもわからないかもしれない。しかし、自分自身でフェアにジャッジを下せないのであれば、登山はスポーツになりえません。

そして、スポーツであれば成績や記録という要素も重要になってきます。ただ自分が登りたい山に登るのではなく、見ている人たちに期待感を抱かせるような目標やテーマが必要になる。プロ登山家として、多くの人たちから注目してもらえる目標は何だろう？　それを考えたときに、真っ先に頭に浮かんだのが「一四座完全登頂」だったのです。

14プロジェクトの始動

標高八〇〇〇メートルを超える一四の山。そのすべての頂上に立つという目標が自分の中に芽生えたのは、プロ宣言の前にカンチェンジュンガとローツェに登ったときのことです。

カンチェの登頂で、私は八座の八〇〇〇メートル峰の頂上に立ちました。ラルフは一一座、ガリンダは九座です。そこで、ラルフやガリンダと三人でこんな話をしたのです。

「我々はこれまで、次に登りたい山の頂上を目標にしてきたけれど、その先に一四座登頂を共通の目標としよう」

ラルフはドイツ人初の14サミッターを、ガリンダは女性初の14サミッターを、そして私は日本人初の14サミッターを目指す。それまで真剣に考えたこともなかった一四座完全登頂が、気がつけば手の届かない目標ではなくなっていました。

一四座完全登頂を世界ではじめて成し遂げたのは、イタリアの登山家、ラインホルト・メスナー。一九八六年、四二歳のときでした。その後、私がプロ宣言をした二〇〇六年までに、一二人の登山家が14サミッターに名前を連ねていました。

日本人登山家にも、一四座完全登頂を目標にヒマラヤに挑んでいた先輩たちがいました。最初に達成するだろうと思われていたのは、日本最強の登山家と言われていた山田昇さんです。九座にのべ一二回の登頂を果たしていた山田さんは、日本人のヒマラヤ登山を牽引《けんいん》してきた人でした。ところが、一九八九年に北米大陸の最高峰マッキンリーで命を落とします。

最強の登山家が亡くなったことで、しばらくは「もう日本人で一四座を登頂する人は出てこないだろう」とも言われていました。それほど傑出した登山家だったのです。

その後、山田さんの後輩である名塚秀二さんが一四座完登を目指しますが、二〇〇四年に一〇座目のアンナプルナI峰で雪崩に遭い、亡くなります。

また、二〇〇六年の時点では、マカルーで私も一緒だった田辺治さんが九座を登頂していました。難しいルートに数多く挑戦していた田辺さんは、非常に緻密で慎重な人です。田辺さんなら一四座登頂に届くかもしれない。私もそう思っていました。しかし、二〇一〇年に一〇座目のダウラギリI峰（八一六七メートル）で雪崩に巻き込まれます。田辺さんの遺体は、いまも見つかっていません。

いつしか日本の登山関係者の間では、〝一〇座の壁〟という言葉も囁《ささや》かれるようになりました。私自身は少しも気にしていませんでしたが、一四座完全登頂が並大抵の力では成し遂げられない目標であることは、十分に理解していました。

「三年以内に一四座に登ります」

プロ宣言をしたとき、私はこう公言しました。そして「14プロジェクト」を立ち上げた。三年という期間に特別な意味はなく、やや演出的に掲げた目標です。もちろん、上手く行けば三年で達成できるかもしれないとは思っていましたが、必ずしも計画通りには行かないのが超高所の登山。山に登る人なら、そこはわかってくれるでしょうから、一、二年のロスタイムはありかな、とは思っていました。

しかし、最初から「いつか登ります」「そのうち達成します」では、曖昧すぎて応援するほうも困るでしょう。また、プロとして活動するわけですから、スポンサーを獲得することも大切な仕事になります。単に「目指しますから応援してください」では、スポンサーも困ると思ったのです。「14プロジェクト」は、ある意味でスポンサーが関わりやすいように掲げた旗印でもありました。

といっても、実際にスポンサー契約をしてくれた人たちの大半は、私の登山をプロになる前から見守ってくれていた人たちでした。協賛企業の担当者は、「14プロジェクト」以前に、私と、私の登山を応援してくれていたのです。

自分だけの目標じゃない

「14プロジェクト」の発足は、マスコミでも少しずつ取り上げられました。新聞社やテレビ局にも、山好きな人は意外にたくさんいます。朝日新聞の近藤幸夫さんという記者もその一人で、彼から受けたインタビューで、私が山田昇さんについて話したことがありました。

もしも一四座登頂に成功したら、そのときは竹内洋岳の名前だけでなく、過去に挑んできた先輩たちのことも思い出してほしい——僭越《せんえつ》ですが、そんな話をさせてもらいました。それがきっかけで、私は山田昇さんのお兄さんである豊さんとお目にかかることができた。豊さんと交流のある近藤さんが機会をつくってくれたのです。

山田昇さんは七人兄弟の末っ子で、豊さんは長男。年もずいぶん離れていて、昇さんにとって豊さんは親代わりのような存在でした。昇さんの登山を、豊さんは家族の誇りのように思って応援していたといいます。

昇さんがマッキンリーで志半ばにして他界したときは三九歳でした。豊さんにお目にかかったときの私も、同じくらいの年です。たまたま年格好や雰囲気が似ていたこともあったのでしょう。豊さんは、まるで自分の弟を見るように私を迎えてくれたのです。そして、私が一四座登頂を目指すという話をすると、涙を浮かべて喜んでくれた。

「一四座は日本人にとって近そうで遠い。昇が果たせなかった一四座、なんとか竹内さんには登ってほしい。登ってください、そして無事に還ってきてください」

こう言って、豊さんから激励してもらったときの様子は、いまでも鮮明に思い出すことができます。

一四座は、自分だけの目標じゃない。日本人として一四座のすべての頂上に立つことは、何人もの先輩登山家や、それを応援してきた多くの人たちの悲願なのです。「頑張って登ります」なんて、生っちょろい気持ちで取り組むわけにはいかない。「絶対に登る」「最後は這《は》ってでも登ってやる」という、それまで以上に強い意志が自分の中で固まったのは、豊さんとの出会いがとても大きかった。と同時に、豊さんの熱い思いは、目標に向かう私の背中を温かく、そして力強く後押ししてくれたのです。

第四章　新しい自分を生きる

雪崩事故後のリハビリに励む著者

再起への一歩

「ヒロはもう、ヒマラヤには登れないな」

と、ラルフは思ったそうです。プロ宣言をした翌々年、二〇〇八年の四月のことです。

この本の冒頭に記したとおり、二〇〇七年の七月、私はガッシャブルムⅡ峰で大雪崩に遭いました。事故の三日後、パキスタンのスカルドという町にある軍の病院で診察を受けた後、首都イスラマバードの病院で私は応急処置を受けました。現地のドクターはすぐに手術をしようとしましたが、背骨が折れていても死にはしないというので、手術は日本で受けることにしたのです。

成田空港に着くと、飛行機に横付けしていた民間の救急車に移され、そのまま東京医科歯科大学の附属病院へと直行します。同病院の柳下和慶先生には、以前から私の体を診てもらっていました。怪我の状態を調べてくれた先生は、「よくこの程度で済んだものだ」と言いました。

背骨が折れるほどの衝撃を受けたときは、六〇~七〇%くらいの確率で複数箇所が折れるのだそうです。ところが、私の場合は一カ所しか折れていなかった。何度もの衝撃をたまたま一カ所で受け、破裂骨折したのです。

幸いだったのは、体のどこにも麻痺《まひ》が出ていないこと。つまり、治せる怪我なのです。先生は、手術をしないで治す方法もあると教えてくれました。固定したまま寝ていれば、六カ月くらいで骨は固まる、と。

しかし、それは半年間ベッドの上で生活するということです。長く寝たきりでいれば筋肉は落ちるし、治ったときの姿勢も以前よりやや前屈みになります。それでは早期に登山に復帰するのも難しくなる。

「来年、また行かなければならないんです」

私は先生に言いました。一年後に再びガッシャブルムⅡ峰に挑むことは、心の中で決めていたのです。

手術をしたほうが、早く治るし、良く治る。けれどもリスクはある。そう告げられましたが、迷わず手術を選びます。次のレースに間に合うように万全の修理をしておかなきゃいけない。そんな心境でした。

背骨の手術は、決して珍しいことではありません。金属のシャフトで上下の骨を連結して固定し、潰れた箇所に圧力がかからないようにする。通常は背中を開いてシャフトを入れますが、背筋を切ってしまえば回復までに相当な時間を要します。しかし、私が受けた

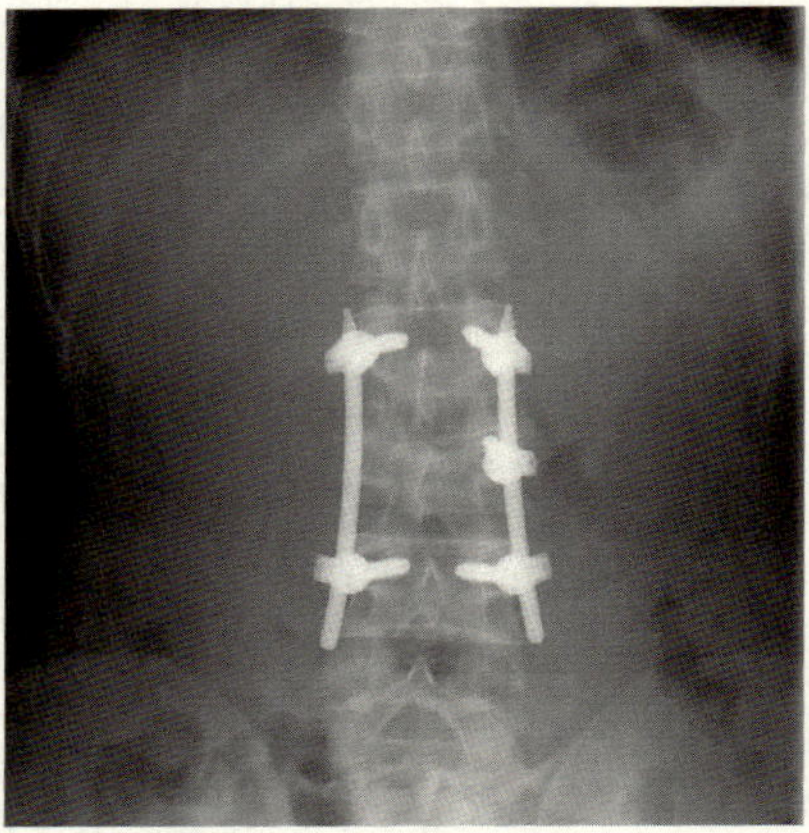

背中に埋め込まれたシャフト

のは、当時は医科歯科大病院でしかやっていなかった最先端の方法で、小さな穴を七つ開けるだけで済む手術でした。

手術は無事に終わります。ところが、麻酔から覚めたとき、手がつけられないほど大騒ぎをしたのだそうです。私自身はまったく覚えていませんが、大声で喚き散らして、先生や看護師さんが何を聞いても英語で答えていたといいます。

おそらく、麻酔が切れて痛みに襲われたことで、事故に遭った直後の状況が脳の中で呼び起こされたのだと思います。上手くもない英語で答えていたというのは、自分が雪崩の現場にいると思っていたからでしょう。一時的にではありましたが、事故のときの錯乱した状態に戻ってしまったのです。

術後は三日で起きることができました。しかし、その間に体重は五八キロにまで落ちた。背骨のレントゲン写真を見せられたときは、サイボーグ化した気分になりましたが、決して強くなったわけじゃない。一人では立ち上がることもできません。電動式ベッドの力を借りて体を起こし、手すりにつかまって、かろうじてよろよろと歩くことができる。自力で立って歩くところからリハビリを始めなければならなかった。

でも、つらくはありませんでした。肉体は必ず回復するとわかっていたからです。むしろ、つらいのは精神面でした。入院している間に、私はそれまでに味わったことのない自己嫌悪に陥ってしまったのです。

生死を分けるのは「運」なのか？

入院中、たくさんの人がお見舞いに来てくれました。ありがたいことだし、感謝もしているのですが、じつはそれが精神的にまいってしまった原因だった。

毎日、一〇人、二〇人とお見舞いの人が訪れます。私が助かったことを喜び、一日も早い再起を期待してくれる。で、必ずと言っていいほど、事故のときの様子を聞かれるのです。

聞かれれば、答えます。どんなふうに雪崩が起きたのか？　巻き込まれたときはどんな感じだったのか？　雪に埋まったときの状況は？　助け出されたときの気持ちは？　どうやって山を下りたのか？　雪崩の犠牲になった人は……。

この本の冒頭で書いたようなことは、いまなら冷静に話すことができます。しかし、入院中は、まだ興奮と混乱とが続いていました。短い間に遭遇した多くの出来事が、自分の頭の中でも処理できていなかった。そんな状態で、来る日も来る日も事故の様子を話さなければならない。同じ話を一日に一〇回以上も繰り返すこともあった。

話している間は興奮しています。興奮が冷めないうちに、また話し始めるから、常に興奮しています。でも、夜になればグッタリと疲れる。いつまで経っても自分の心の整理がつかない。

精神的に一番きつかったのは、お見舞いに来てくれた人たちの「運が良かった」という言葉でした。

自分は運が良くて助かったのか？　仮にそうならば、二人の仲間は運が悪くて命を落としたことになる。そんな理屈は絶対に受け入れられない。

世の中に運がないとは思いません。宝くじに当たったりするのは、運次第でしょう。運でしか説明できないこともあるし、運のせいにしておいたほうが都合のいいこともある。でも、人の生き死にまでも、運で片付けてしまうことはできない。自分の命が助かったことを、私自身が「運が良かった」と認めてしまうことは、命を落としたアーネとアーンツの家族に対して、「運が悪かったですね」と言うのと同じことです。

自己嫌悪との戦い

山に運は存在しない。でも、お見舞いに来るみんなが「運が良かった」と言ってくれる。その言葉を聞かされるうちに、自分が生きていることがだんだん苦痛に感じるようになっていきました。

強烈な自己嫌悪です。他人から否定されたのなら、逃げ道はいくらでも見つけることができます。でも、自分が自分を否定するようになったら、逃げ場がない。人に言っても解決しないし、自分で自分を救う気にもならない。そんな自己嫌悪の破壊力の凄まじさは、自分でも驚きでした。

そのうちに、ごはんも食べられなくなり、夜は眠れなくなった。看護師さんは、精神的にすっかりまいってしまったのではないかと心配しましたが、そんなことはありません。なぜなら、「自分がおかしい」ということに、自分で気づいていたからです。だから、「このままではいけない」と考えることもできた。

手術から約一カ月後、「ここにいたら、怪我は治るかもしれませんが、病気になりそうなので帰ります」と申し出て、私は退院しました。先生は、まだ入院していたほうがいいと言いましたが、事故のことを話さなくてもいい環境に行かなければ、強烈な自己嫌悪からは解放されないと思ったのです。

「元通り」はありえない

家に帰ってきたからと言って、すぐに精神状態が回復したわけではありません。事故の話をしなくてもいいのは救いでしたが、音に対して異常に敏感になっていた。

たとえば、妻が家事をしているときに何かを落とした音。あるいは、子どもが何かをぶつけたときの音。いままでは気にもならなかった生活音に敏感になり、とても不快で苦痛を感じるようになった。

雪崩の影響なのかもしれません。雪崩に遭ったときの音や振動や衝撃を、意識はしていなくても体が覚えていたような気もします。

それから、ちょっと耳にした曲の歌詞に、涙が出てくるようなこともあった。普通なら、誰が歌っているんだろう、前に聴いたことがあったかな、このリズムっていいな、などといろいろ考えると思うのですが、そういう処理が頭の中でできなくなっていた。悲しい曲だなと感じたら、もう本当に悲しくなって、涙が出るのです。退院したのが八月下旬でしたが、一一月くらいまでそんな状態が続きました。

治っても、元通りになるわけではないことは最初からわかっていました。車だって、事故でぶつけたりすれば、修理をしても元通りにはならない。どこかが歪《ゆが》んだりして、性能は落ちる。体も同じで、背骨を折るような事故に遭えば、治っても性能が落ちるのは仕方がないことです。

それでも、翌年にガッシャブルムⅡ峰に登る決意は揺るがなかった。大事なことは、以前と同じ性能を発揮することではなく、以前とは違ってしまった自分の体を正しく使えるようになること。

車のブレーキを修理したら、いきなり公道には出ないはずです。誰もいないところで思いっきりアクセルを噴かし、それからブレーキを踏んでみて、利き具合を確認してからでなければ、怖くて公道は走れない。

年が明けた二〇〇八年一月二九日。私は八ヶ岳の赤岳《あかだけ》主稜に登りました。修理した自分の体をテストするためです。背中にはチタンのシャフトが入っています。潰れた骨はまだ体を支えられませんが、シャフトが入っていれば、構造的には普通に動くことができる。

赤岳を登っていて、「やっぱり変わったな」という感じはありました。折れた肋骨は外に突き出したまま変形治癒しているからです。でも、どう変わったのかを確認するために赤岳に来た。ですから、がっかりするようなことはありません。むしろ、「これならまだ使えるな」という安堵感のほうが大きかった。

雪崩に巻き込まれたガッシャブルムⅡ峰で、助けてくれた人たちに新しく吹き込まれた命。自分の登山は、またゼロから始まるのだと私は感じていました。

過去の自分をリセット

再びガッシャブルムⅡ峰に行く前に、やったことがあります。それは、いろいろなものを捨てること。

スキーを捨て、自転車を捨て、自動車も捨てました。スキーと自転車は病院の先生から完全に治るまで止められていたし、術後しばらくは自動車の運転もできなかった。自分の身のまわりに、本来使うべきものが使われずに置いてあることが、とても苦痛に感じられたのです。

登山の用具やウェアも、ほとんど処分しました。そして、新しく買い直した。これから登るガッシャブルムⅡ峰は、ゼロからつくる登山にしたかったからです。新しい一歩を踏み出すために、過去の経験は持ち込みたくなかった。

会費を納めて所属していた団体も、すべて退会しました。日本山岳会はプロ登山家を宣言したときに脱退していましたが、その他、所属していたガイド協会なども退会しました。一番の理由は、迷惑をかけたくなかったからです。山でトラブルがあったりすると、問い合わせは真っ先に所属団体へ行く。万が一、遭難事故などが起きれば、安否を確認するためにマスコミ各社が所属団体の事務所に押し寄せてきます。

一九九八年に日本山岳会の会員がカンチェンジュンガで事故に遭ったとき、私は留守本部の事務を手伝ったことがありましたが、電話が鳴り止みませんでした。本当に待っているのは現地からの状況報告です。しかし、かかってくるのは問い合わせばかり。中には、「計画に無理があったのではないか?」といった、時と場合を考えない電話まであった。そういう状況を避けるために、登山に関する自分の問い合わせ先は「14プロジェクト」の事務局に一本化したわけです。

大雪崩の山へ、再び

パキスタンに向けて成田から飛び立ったのは、六月二日のことでした。道具も、立場も、一年前とは違います。そして、何よりも違うのは、自分自身の体。背骨には、まだシャフトが入ったままです。この体で、どこまで登ることができるのか？

正直に言えば、頂上までたどり着くことは、あまり考えていませんでした。もちろん、登るからには一番上まで行って帰ってくるつもりです。でも、傷ついているのは背骨だけではない。あれだけの大きな怪我をすれば、体全体がダメージを負っている。衰弱も残っている。怪我をする前に近い状態にまで回復するには五年くらいはかかると、病院の先生からは言われていた。

「まだ早い」「やめておけ」と忠告してくれる人もたくさんいました。しかし、私の性格を知っている人たちは、言っても聞かないだろうと思っていたに違いありません。決めたらやる。ガッシャブルムⅡ峰に戻って来ることは、事故の直後から決めていたことです。

登山のアレンジはラルフの会社がやってくれました。ガッシャブルムⅡ峰に私と一緒に登るのは、フィンランド人のベイカー・グスファッソンと、石井スポーツの平出《ひらいで》和也君の二人。ベイカーとは、過去に何度か一緒に登ったことがありました。平出君を誘ったのは私です。平出君は非常に優れたクライマーで、彼には私のサポートとともに、映像などを記録してもらうことを頼んだのです。

イスラマバードからスカルドに入り、一週間のアプローチトレッキングを経てガッシャブルムⅡ峰のＢＣに着いたのは六月一九日。標高五〇九〇メートル。一年前に設営したテントの痕跡がわずかに認められます。が、ルートの面影は何も残っていません。また一から、氷河をラッセルして自分の体を押し上げて行かなければならない。

ちらつく雪の下で、まだ人の足跡がついていない白い斜面を見上げる。

「ただいま」

口から出たのは、その言葉でした。

たどり着いた小さな頂上

山に登ること自体が、自分にとってのリハビリだと私は考えていました。ＢＣとＣ１を往復し、高度に体を慣らしていきます。日本ではテストできなかった高所を登りながら、自分の体が「やっぱり以前とは違うんだな」ということを、あらためて感じました。

慣れるしかない。そう思いながら、自分の体の動きを確認します。新しい車に乗り換えれば、最初は車幅感覚などに戸惑いを覚えます。道具だって、自分の体の一部のように使いこなすまでには時間を要する。とにかく、使うことでしか自分の体の違和感を克服する方法はない。

体は、動いてくれます。山のコンディションも悪くない。七月四日。いよいよ頂上に向かうサミットプッシュです。順調に行けば八日がサミットデー。

C2に到着したとき、「ここか」と思いました。一年前の巨大雪崩の現場。どこから落ち、どこまで落ちたのか、すぐにわかりました。ずいぶん落ちたんだなと、その距離に驚きはしましたが、恐怖感は湧いてはこなかった。

犠牲になったアーンツのボディは、まだどこかに埋まっているはずです。なにか彼の持ちものでもいいから見つかってほしい、そう願いながらC3へと向かいます。自分が埋まったあたりには危なくて近づけませんでしたが、身につけていた物が落ちているかもしれないと、いろいろなところに視線が向く。もしも何かを見つけたとしても、それは自分たちがここで雪崩に遭ったという現実味が増すだけなのですが……。

標高七〇〇〇メートルのC3には七日に到着しました。ファイナルキャンプから頂上を目指すときは、最低限の荷物しか持ちません。一リットル容量のテルモスには、お湯で溶かしたスポーツドリンクを入れます。水やお茶では吸収効率がよくない。ジュースを持っていく人もいますが、味が口に残るので私はあまり好みません。

ビスケットやナッツやドライフルーツなどを行動食に携行するクライマーもいます。以前、私も用意したことがありますが、あまり固形物を口の中に入れる気にならない。ポケットには、よくトライアスロンの選手が使っているチューブに入ったジェル状のエネルギー補給用食品を数本入れておくだけです。

サミットデーは頂上に到達するだけではなく、その後ファイナルキャンプに戻って来なければなりません。ガッシャブルムⅡ峰のときは、約一〇〇〇メートルの標高差の往復。持たずに済むものは、みんなファイナルキャンプのテントの中に置いていく。そうすると、必要なものは意外に限られてきます。

機材で欠かせないのは衛星電話とカメラ。ヘッドランプも必須です。サミットデーの出発時刻は、ファイナルキャンプに戻ってくる時間を想定して決めます。日が暮れる前に戻るためには、まだ夜が明けないうちに出発することがほとんど。このときは、午前〇時三〇分に登り始めました。

気温は氷点下二〇度くらい。風もあります。低酸素の中で、ハァハァ、ゼイゼイ、喘《あえ》ぐように呼吸をしていると、自分の吐いた息が凍り、霜になって口のまわりに張り付く。

夜が明けてから、風が強くなってきます。三人でロープをつけて登っていましたが、途中で平出君が外れる。足が冷えて凍傷が心配になり、登るのを中断したのです。

現地に来てから、彼は終始ビデオを回したりしていましたから、調子も崩していたのかもしれません。いったんは登頂をあきらめ、風を避けられる岩陰で一人で待つことを選択します。が、私とベイカーが二人で登り出してから一時間としないうちに、平出君はカメラだけを持って再び登り始め、追いついた。

一三時一九分。ガッシャブルムⅡ峰は、三人揃って登頂することができました。氷の稜《かど》の頂点は狭く、とても三人並ぶことはできません。でも、その小さな頂を目指して、世界中の登山家たちが命懸けで登ろうとするのです。

はじめて泣いた日

ガッシャブルムⅡ峰の頂上で、私は泣きました。山に登って涙を流したのは、はじめてのことです。

事故に遭ってからのさまざまな体験が思い出され、いろいろな感情がいっぺんに湧き起こってきたのです。うれしさもありました。ここまで登ってきたつらさもありました。仲間を思う悲しさもあります。わきあがる感情が多すぎて、頭の中はいっぱいでした。というより、あまりに多くのことが頭の中を駆け巡り、処理しきれなくなった感情にリミッターをかけるために、泣くという代償行動が起こったのだという気がします。

これで一〇座目の八〇〇〇メートル峰登頂。〝一〇座の壁〟を日本人としてはじめて越えたことになります。でも、そんな感慨はまったくなかった。〝一〇座の壁〟を越えることは、私にとっては過程であり、目標でも悲願でもありませんでした。

実際に、一〇座登頂の喜びを噛《か》みしめている時間は、私にはありませんでした。ガッシャブルムⅡ峰登頂後、ＢＣでしばらく休んでから向かった先は、峰続きのブロード・ピーク（八〇五一メートル）。

背中にシャフトが入った体でも、八〇〇〇メートル峰を登頂できることは確認できた。高度順化もできています。目指すは連続登頂。

ブロード・ピークのＢＣでは、風邪をひいて体調を崩しました。ガッシャブルムⅡ峰の疲れもたまっています。それでも決めたのです。登る、と。

七月二九日。ベイカーと平出君とともに、シングルプッシュで山頂を目指す。ＢＣから一気にＣ２、Ｃ３へ。そして三一日、ブロード・ピークの頂上に到達します。

シャフトを抜く手術

ガッシャブルムⅡ峰では感じませんでしたが、ブロード・ピークでは右足の感覚にかすかな違和感を覚えました。潰れた背骨は、右側のほうが激しいダメージを負っています。シャフトの影響で背中の動きも制限されますから、知らず知らずのうちに右足をかばっていたのでしょう。膝と腰にかなりの痛みを覚え、痛み止めを飲みながらの登頂でした。

帰国して、定期検診を受けました。ＭＲＩの画像には、左の膝にわずかな傷が映っていましたが、診断の結果は「使いすぎ」。背骨のほうは問題なし。一一月末には、シャフトを抜く手術を受けました。

抜いたチタンのシャフトを見せてもらったときは、「ありがとう」という感謝の気持ちが湧いてきました。なにしろ一年以上も背骨の一部となって、自分の体を支えてくれていたのです。チタンの特長は軽いこと。山に登るとき、私もチタン製のアックスを使うことがありますが、まさかこういうパーツで自分の登山が助けられるとは、考えもしませんでした。

取り出したシャフトは、もらって帰りました。自分でアクリルの台座をつくり、背骨に穴を開けて装着されていた状態に固定し、いまも机の上に大切に飾ってあります。

それを見て自分自身の心を奮い立たせるのです……、なんて言えばドラマチックなのですが、そんな理由で飾ってはいません。背骨のかたちに湾曲した形状と、紫のカラーがとても格好いいのです。道具としての力強く精密な機能美に見惚《ほ》れてしまった。単にそういう理由で飾りたくなっただけなのです。

常に最先端を追求せよ

道具は、登山を大きく左右します。私がはじめてヒマラヤへ行った一九九一年当時に比べると、登山用具はめざましく進化しています。

私の学生時代は、まだ山登りは「体力と根性」と言われるスポーツでした。そういう雰囲気は他のスポーツにもあったと思いますが、登山の世界には閉鎖的な側面もありますから、昔ながらの根性論も根強かった。大学の山岳部の中には、「地獄の二丁目」と呼ばれていたところも少なくありませんでした。

私自身は、体力と根性を否定してはいません。登れるだけの体力がない人には、山は危ない場所になるし、ヒマラヤ登山のサミットプッシュでは、最後は根性がものをいうような局面もしばしばあります。でも、ベースになるのはどう登るのかというタクティクスであり、それを実行するだけの技術だと考えています。

その技術が、かつてはそれほど評価されていなかった。理由は道具にもあると思います。道具が良くなることで、技術も進歩する。まだ道具が良くなかった時代に、いまよりも体力や精神力が重視されたのは、仕方がないことだとも私は感じます。

道具の進化の目的は、安全性の確保です。しかし、山登りにおいての「安全性」という言葉は、しばしば誤解されます。新しい道具は、楽に登るためにつくられるわけではない。より難しいことに挑戦するためにつくられるのです。

安全性が高まることによって、以前よりもスピードを上げられるようになったり、人工登攀（アブミなどの人工的な手段を用いて登ること）しかできなかった難所を登れるようになったりする。その進化に呼応して、クライマーの技術も進歩してきました。

私自身、子どもの頃からものづくりが大好きだったし、道具にもとても興味があった。高校時代は、刀鍛冶になりたいと考えたこともありました。剣道をやっていた影響もあるし、一度、真剣を見たときに、こういうものを自分でつくれたらおもしろいだろうなと感じたからです。

山に登るようになっても、道具への興味は尽きませんでした。たとえば、生身では登れない固い氷雪の斜面も、アイゼンやピッケルといった道具を使うことで登れるようになる。道具を身につけることによって、自分に新たな能力が宿ったような快感を味わうことができる。

いまでも、道具には強い関心があります。常に最先端の装備で山に登りたいとも考えています。こう言うと、「それはフェアじゃない」と言う人がいる。ヒマラヤ登山の歴史を切り拓いてきた過去の登山家たちは、そんな便利な道具は使えなかったのだ、と。

エベレスト登山を開拓したマロリーの時代は、ハリスツイードのジャケットを着ていました。革の登山靴を履き、ジュラルミンではなく重たい鉄の酸素ボンベを背負って、そんな装備でも八五〇〇メートルくらいまでは登っていた。

その時代に比べたら、私たちは比較にならないほど高性能な装備に恵まれているのは事実です。でも、「フェアじゃない」とは私は思いません。なぜなら、マロリーの装備も当時としては最先端だったからです。

マロリーがエベレスト山中で消息を絶ってから、およそ三〇年後。エベレスト初登頂を成し遂げたヒラリーは、ナイロン製の装備を使用していましたが、当時はナイロンも実用化されて間もない最先端の素材だった。

そういった経緯を考えれば、いつの時代であろうと登山家は最先端の道具を使って山に登るべきです。そして、最先端の道具を使用して、最先端の技術を追求していくのが、登山家の役目でもある。私はそう思うのです。

山にも訪れた情報化時代

道具に関連した話ですが、私たちはマロリーやヒラリーの時代には考えられなかったであろう強力な武器を備えています。それがインターネットを使った通信手段です。

いま、ヒマラヤ登山に出掛けるとき、私の個人装備の総量は約七〇キロ。そのうち一〇キロは電化製品です。ノートパソコン二台にソーラーパネルにバッテリー、衛星電話にモデムなど。BCのテントの中は、ちょっとしたオフィスになります。

一〇キロという装備は決して軽くはありませんが、一九九五年のマカルー遠征のときに持ち込まれた衛星電話は、本体だけで四〇キロもありました。それを思えばたいへんな技術革新です。

インターネットで気象予測会社からデータを受け取ったりするのは、二〇〇〇年頃からやっていました。個人で通信機材を持ち込むようになったのは、二〇〇七年から。三月にブログをスタートし、その年に登頂したマナスルでは、現地から登山の進捗状況をアップしました。

情報も、登山家は最先端のものを使うべきだと私は考えています。それを一番痛感するのが気象予報。山の天気は変わりやすいということは、山に登らない人でも知っていますが、安全に登るためにはそれを数週間にわたって予測しなければならない。

空の色、太陽の光の強さ、雲のかたちや流れ方などを見て、天候の変化を予測する。いわゆる観天望気は、昔から山に登る人なら、みんな知識として持っているものです。私も、「こういう雲が出ているから、ぼちぼち崩れるかな」という程度の読みはできますが、それだけを頼りにヒマラヤの頂上は目指せない。

サミットプッシュは、天気の合間にちょっと行ってくるというわけにはいきません。数日先の風が強くない好天の日を見極めて、そこから逆算してスケジュールを組む。精度の高い長期予測が求められます。

それが非常に困難な作業なのです。登山者向けに山の気象データを有料で提供している会社は以前からアメリカやヨーロッパにたくさんありますが、平地に比べたら予測を左右する条件は圧倒的に複雑です。平地は二次元のメッシュで予測できますが、山は三次元で予測しなければならない。ＢＣが穏やかな天候でも、頂上では大雪と強風が吹き荒れていることもざらにあります。尾根のこっち側とあっち側で、まるっきり違う気象条件になることも珍しくない。

ラルフと知り合ってから、私は彼の親友であるチャーリーという気象学者からアドバイスをもらうようにしていました。ラルフの言葉を借りれば、「チャーリーは山岳ガイドもしている、ヒマラヤの天気を読む天才」なのですが、それをビジネスにしているわけではない。日々の情報はスイスの気象予報会社などと契約し、最終的な判断をチャーリーに相談するようなことが多かったのです。

山の天気予報は「つくる」もの

現在、私はヤマテンという山岳気象予報の専門会社と契約しています。この会社を興した猪熊隆之さんと私は同学年で、彼は中央大学の山岳部出身。学生時代に富士山で転落事故に遭い、足に大怪我を負いますが、何度も手術をして再び山に戻ってきました。海外登山ツアーの会社の添乗員として山に登るだけでなく、プライベートでも休暇を取ってヒマラヤに何度も登っていた人です。

その猪熊さんと久しぶりに会ったのが、二〇〇六年。場所は病院の中でした。私はエベレストで意識不明になった後で、高気圧治療を受けていた。猪熊さんは足の古傷に骨髄炎を発症し、治療に来ていたのです。

そのときの彼は、治療室で本を広げて一生懸命勉強していました。でも、元気がない。聞くと、こんな言葉が返ってきた。

「たぶん仕事はできなくなるから、気象予報士になろうと思って勉強している」

学生時代から彼が気象好きだったことは、私も知っていました。彼も、私が毎年ヒマラヤ登山をしていることを知っている。そこで、遠慮することなく私はこう言いました。

「気象予報士になるんだったら、日本の普通の天気予報でなくて、山の予報をしてください。そして、私が登るときのヒマラヤの天気を予報してくださいよ」

それが、現実になったのです。山好きな猪熊さんのことだから、私が言うまでもなく山の天気予報のことは考えていたに違いありませんが、二〇一一年に独立した彼は、いまでは日本の山岳気象の第一人者です。

その猪熊さんに、最初に気象予測をお願いしたのが、ガッシャブルムII峰に登頂したときでした。翌二〇〇九年のローツェ登頂でもお世話になった。そして、二〇一〇年にチョー・オユー（八二〇一メートル）に登るのですが、このときの猪熊さんはすごかった。

登山の前半、彼の予測は現地の天気と全然違っていた。「どうしちゃったの？」というくらい、当たらなかった。

「当たる」という表現は、じつは適切ではありません。山の気象予測は「つくり上げるもの」だと猪熊さんは言います。事実、その通りなのです。

猪熊さんが送ってくれた予測に対して、「実際はこうだった」という現地の情報を私が返していく。ときには画像を返したり、数秒間隔で撮影した画像をアニメーションにして返すこともある。そのフィードバックされた実況データを基に、猪熊さんは予測の精度を高めていく。言ってみれば、ヒマラヤの気象予測は、猪熊さんと私との共同作業なのです。だから外れたときの責任の半分は私にもある。

とはいえ、チョー・オユーのときは本当に当たらなかった。私も思わず「全然合ってないですよ。なんか今回、ダメなんじゃないですか？」と、ちょっといじわるっぽく伝えたのですが、猪熊さんは「一晩、時間をください。過去のデータを洗い直します」と言いました。何を洗い直したのかはわかりませんが、翌々日から精度が飛躍的に高くなった。スパコンでも導入したのかと思うくらい、予測が現地の気象とピタリと合う。メールで送られてくる予測データには、猪熊さんの執念さえ感じられました。

このときのチョー・オユーは天候が悪く、上部では大量の積雪もありました。標高七一二五メートル地点のC2では、多くの登山隊が登頂を断念し、撤収を始めていた。頂上に向かったものの、途中で引き返してきたクライマーたちは、「今年はもうチャンスがない」「危ないからやめろ」と口を揃えていました。

しかし、私は登れないなら登れないという状況を自分の目で確認し、自分の判断で登頂中止を決めたかった。人から「やめろ」と言われてやめたら、その時点で自分自身の判断ではなくなります。普段の生活ならば、体験者の意見や忠告はとても役に立つけれど、山ではあくまでも自分の責任において判断を下さなければならない。先に登頂して下りてきたクライマーが、「安心して登れるよ」と太鼓判を捺《お》すような山なら、たぶん私には登る意欲も湧かないでしょう。

ギリギリまで粘った末に、猪熊さんがサミットプッシュの日として提示してくれたのは九月三〇日。それ以降は風も雪も強くなるから、この日がラストチャンス。ただし、雪崩が起きる可能性が高いので十分注意するように、というメッセージが書かれていた。

まったくその通りでした。夜中の一時にC2を出て頂上に向かうと、七七〇〇メートル付近の大きな斜面で雪崩が起きていた。さらに、その上に見える巨大な雪と氷の塊は、いつ崩れ落ちてきてもおかしくない状態でした。その真下を通って頂上に向かうのは、危険というより無謀な選択です。登頂はできなかったけれど、登山の後半での猪熊さんの予測は本当に正確だった。

このとき断念したチョー・オユーは、翌二〇一一年に無事に登頂を果たします。もちろん気象予測をしてくれたのは猪熊さん。ヒマラヤ登山は、頂上に立った人間に注目が集まりますが、後方で支えてくれている人たちの存在なしに登頂は果たせないのです。

残る八〇〇〇メートル峰はただ一つ。ダウラギリI峰。いよいよ「14プロジェクト」の最終章です。

第五章　14サミッターになった日

ダウラギリI峰のBCで迎える夜明け

一四座目への挑戦

ダウラギリI峰への挑戦が近づくと、もしかしたら日本人初の14サミッターが誕生するかもしれないということで、出発前から私の周辺はあわただしくなりました。注目されるのは望むところです。無事に登頂を果たして、多くの人たちに高所登山のおもしろさを知ってもらいたい。そのために私はプロ宣言をしたのです。そうでなくても、地球上には八〇〇〇メートルを超える山が一四座ある、ということくらいは、山に登らない人たちにも知ってほしかった。

プレッシャーはありませんでした。周囲は記録がかかった登山という見方をしますが、私にとってダウラギリI峰は一四座の中の一つ。最後に控えた八〇〇〇メートル峰だからといって、それまでの一三座とは違ったパフォーマンスをするような気持ちはまったくない。そもそもヒマラヤのあの環境に行けば、プレッシャーなんか感じてはいられない。

ただ、それまでの一三座にはなかった状況があったことは事実です。それはマスコミの取材が同行したこと。ダウラギリI峰には、読売新聞とNHKの取材班が同行することになっていました。

登山の経験がなかったり、まったく知らない相手だったりしたら、私も同行取材は断ったかもしれません。しかし、取材スタッフはみんな私が知っている人たちでした。もちろん登山の経験も豊富です。

読売新聞の記者は、前述した深井さん。カメラマンの宮坂永史さんは、一九九五年に私がはじめて登頂した八〇〇〇メートル峰のマカルーで同行したカメラマンでした。

NHKのディレクターの廣瀬学さんは明大山岳部OB、カメラマンの山村武史さんと中洞拓人さんは東京農大山岳部OB、音声ビデオエンジニアの山主文彦さんは日大理工学部山岳部のOBで、みんな学生の頃から面識のある、いわば山の仲間たちなのです。

顔ぶれだけを見れば、大学山岳部OBの合同合宿みたいなもの。全員が仕事で来てはいますが、私も含めて一番の楽しみは山に登ることなのです。「どうぞいらしてください」と私は言いましたが、ファイナルキャンプまで密着して撮影したいというNHKの取材には条件を出しました。

まず、完全に別チームとして行動すること。同じ山に居合わせた登山者同士であって、決して一つのチームにはならない。

それから、もしも他に先行するチームがなく、私が先頭に立ってルートを工作する状況になったら、取材班は絶対に私の前には出ないということ。スタッフが付けた足跡の上を歩けば、取材班に道をつくってもらいながら登るのと同じで、フェアじゃない。

そして、取材スタッフも酸素は使わないということ。自分が無酸素で登っている横を、酸素を使った人間に一緒に歩かれたら目障りです。無酸素で登る理由は、酸素が平地の三分の一しかない高所に人間がどこまで入っていけるのかを試すことでもある。その感覚を鈍らせたくなかった。

また、万が一、私が倒れたりしたとき、酸素を持っていたら、取材スタッフは私のために使わないわけにはいきません。ということは、何かあればすぐに助けてもらえる状況で登っていることになる。これもフェアじゃない。

番組に対しても、一つだけ口出ししました。それは、必ず放送するということ。もしも私が登れなかったときは、登れなかったという番組をつくる。もしも私が山で死んだら、死んだという番組をつくる。そして必ず放送する。この条件を飲んでくれるなら、是非一緒に来てくださいとお願いをしました。

プロ登山家ならば、すべてを人々に見せなければならない。それが自分で決めたルールです。ディレクターの廣瀬さんは承諾してくれましたが、内心では困っていたかもしれません。でも、取材をしてもらっておきながら、登頂に失敗したから番組がつくられなかったというのでは、ルールに反することになると私は考えたのです。

先人たちへの祈り

私と一緒にダウラギリI峰に登るのは、中島ケンロウさん。パートナー兼カメラマンです。

高所登山がプロスポーツとして日本で発展していくためには、私一人がプロ登山家を名乗って活動しているだけでは限界があります。山岳気象予報士のプロフェッショナルとして猪熊さんがいてくれるように、カメラのプロフェッショナルも高所登山の分野で育ってほしい。

その一番手として期待をかけたのが、当時二五歳だった中島さんでした。彼は「14プロジェクト」の事務局を引き受けてくれている、ウェック・トレックという登山ツアー会社の社員。注目の若手アルパインクライマーですが、独学で撮影の勉強をし、山の写真や映像も撮っていた。

プロスポーツとしての登山の世界で生きて行く覚悟はあるのか？　私が聞くと、中島さんは「あります」と答えた。「だったら来い」と、引きずり込んだ。いわば人材発掘です。

人材育成のつもりはありません。どう育つかは、中島さん次第。

二〇一二年五月五日、私と中島さんはダウラギリのBCに到着。標高四七〇〇メートル地点。取材班は先に到着していて、私たちを待ち構えていました。

BCに来る前に、私たちはアイランドピーク（六一六〇メートル）に登頂し、ある程度の高度順化を済ませています。準備は万端。体調も良好。六日には、山の神に頂上を目指す許しを乞い、安全を祈願するプジャの儀式を執り行い、七日の朝五時にはC1へと出発しました。

予定では、まず三日かけて七三〇〇メートル地点のC3まで行き、体を高所に慣らしてから下りてくる。一度BCに戻り、体調を整えながら頂上が気象条件に恵まれる日を見定めます。

BCを出て、日差しが強くなり始めた頃、私は急な斜面に差し掛かる手前で立ち止まりました。そこは、標高五二〇〇メートル地点。二年前に大きな雪崩があった場所。マカルーで一緒だった田辺治さんは、その雪崩に巻き込まれ、一緒に登っていた二人の仲間とともに命を落としています。田辺さんの遺体は、まだ見つかっていない。雪の下に埋まっているとしたら、その上を跨《また》いでしまうかもしれない。

雪の上に竹竿を立て、日本から持ってきたお菓子とオレンジジュースをお供えします。お酒が好きな田辺さんには、ジュースでは物足りないかもしれないけれど、山ではあまりお酒を飲んじゃダメですよ……。思いを巡らせながら手を合わせ、冥福を祈ります。そして、私たちが登頂を果たし、無事に帰って来られるよう見守っていてくださいと、田辺さんにお願いしました。

一四座登頂は、私一人の目標ではない。その思いが、いっそう強く胸に迫ってきます。

C1の標高は五八〇〇メートル。しかし、日差しがどんどん強くなり、まるで灼熱地獄です。好天に恵まれるのはうれしいことですが、気温が上がれば雪崩の危険性も高くなります。手放しでは喜べない。

八日の午後一時三〇分。標高六六〇〇メートルのC2に到着します。その高さでも、まだ暑い。体に感じるのは、疲れというよりも夏バテ。ところが、テントを設営したところで雪が降り始める。こんな天気を日本にいながら予測しなければならない猪熊さんの苦労が偲《しの》ばれます。

九日は、C3まで行く予定でした。が、パートナーの中島さんの様子がおかしい。高度順化が上手くいっていないのか、歩調が遅い。さらに、天気も悪くなってきたため、予定変更。まだサミットプッシュのプロセスではありません。ここで無理をしても意味がない。六八〇〇メートル付近まで登ってから引き返し、この日はC2で一泊。一〇日にBCへ戻ることにしました。

BCで休養を取りながら、猪熊さんが割り出してくれるサミットプッシュの日に備える。正念場は、これからです。

BCでの快適ライフ

サミットプッシュの日まで、BCではただ休んでいるわけではありません。山での生活を楽しまなければもったいない。ラルフと出会ってから、BCでの快適な過ごし方が、ずいぶん上手くなったのではないかなと、自分では感じています。

たとえばテントの中にしても、日本の組織登山によくある会議室みたいな雰囲気にはしたくない。私のテントは、秘密基地ごっこです。楽しいものがいっぱいある。

ゴッホの名画も飾られています。もちろんニセモノ——というよりおもちゃです。浮き袋のように空気を入れると、額《がく》のかたちに膨らむゴッホの『星月夜』です。これなら荷物にもならないし、ビニール製だから濡れても大丈夫。

ダウラギリには、ラジコンのヘリコプターも持って行きました。遊び道具ですが、科学の実験のためでもあります。

標高四七〇〇メートルでは、空気も気圧も平地の約二分の一。ガッシャブルムⅡ峰で雪崩事故に遭ったとき、事故現場から直接救助ヘリでの搬送ができませんでしたが、それは、空気が薄い環境ではヘリコプターがホバリングやランディングができないからです。

その低圧の環境を実際に日本の平地で確かめようとすれば、筑波大学か防衛省の低圧実験室に行くしかないけれど、ＢＣの環境は実験室そのもの。こんなチャンスを逃しちゃいけない。

以前、ヒマラヤの高地で凧揚《たこあ》げを試したことはありましたが、ちっとも揚がらなかった。果たして、ラジコンのヘリコプターは飛ぶのか？

残念ながら、飛びませんでした。でも、そこであきらめなかったのが、ＮＨＫの音声ビデオエンジニアの山主さん。機体のカバーを取り外し、徹底的な軽量化を図る。で、再度挑戦。すると、飛んだ！　けれども、軽量化でもろくなった機体は着地の衝撃で壊れてしまった……。こうして、貴重な実験結果が得られたのでした。

高所の食生活

まとまった人数の公募隊になると、ＢＣにはコックさんがいます。公募隊の参加者はいろいろな国から集まったお客さんですから、食事に文句が出ないように、毎日手のこんだ料理がつくられる。

私は楽しく食べる時間は好きだけれど、食べ物に関しては普段からあまり興味がありません。出されたものは何でもおいしく食べるし、食べるものがなければ丸一日食べなくても平気でいられる。しかし、日本人の中には、外国に行くと日本の食べ物が恋しくなる人も少なくありません。

じつは、中島さんがそのタイプ。彼がはじめて私と一緒に登ったチョー・オユーのときは、ラルフの会社のオーガナイズでしたから、ＢＣではヨーロッパのチームとジョイントしました。食事も、ヨーロッパのコックさんがつくる料理を食べていたのですが、中島さんはパスタやピザの食事にだんだん耐えられなくなって、日本から持ってきた梅干しを食べたりしていた。

よほどつらかったようなので、ダウラギリでは日本のエージェントに頼んで、日本食が毎日食べられるように、日本食のトレーニングを積んだコックさんを依頼しました。だからBCでの食事は、焼き魚定食、トンカツ定食、海苔《のり》巻きと、和のテイストづくし。東京では独り暮らしをしている中島さんは、ダウラギリに来てから太り出したくらいでした。私は体に余計な筋肉を付けたくないこともあって、普段でも三食きちんと食べることはほとんどない。だから、山での食事には全然こだわりはないけれど、飲み物には必ず持っていくものがあります。それは、コーラ。ダウラギリにも三〇キロ持って行き、BCでは水代わりのように飲んでいた。

必要な水は、できるだけきれいな雪や氷を溶かして調達します。ヒマラヤの氷河が溶けて流れ出した水には「ピュアで美味しい」というイメージを持っている人もいます。でも、じつは全然おいしくない。氷柱《つらら》を舐《な》めてもおいしくないのと一緒です。場所によっては、埃《ほこり》っぽかったり、岩盤を削った粉が交じっていたりする。

決しておいしくはないけれど、水がなくては困ります。私はコーヒーも好きなので、山にはいつも手動式のエスプレッソマシンを持っていく。通ぶっているわけではなく、プレッシャー式のエスプレッソマシンでなければ、高所ではまともなコーヒーがつくれないのです。

BCは標高が高く、気圧が低いので、お湯を沸かしても一〇〇度にならない。低い温度のお湯では、ドリップ式のコーヒーメーカーでは十分に抽出されないし、落ちていく間にどんどん冷えてしまう。ヒマラヤでコーヒーを飲もうと思ったら、エスプレッソマシンは必需品なのです。

ＢＣでのクライマーたちは、思い思いの方法で山での生活を楽しみながら、来《きた》るべきサミットプッシュの日に備えます。

私たちがテントの中でなによりも待ちわびていたのは、猪熊さんから送られてくるゴーサイン。しかし、それがなかなか届かない……。

待ち続けることも必要

五月一四日。ＢＣにいる登山隊の大半は、すでにサミットプッシュに出発していました。彼らには、彼らの情報があり、彼らの判断があります。焦りは感じません。私たちは、私たちが求めている条件が揃わない限り、頂上に向かうつもりはない。

正午。猪熊さんからの最新の気象予測のメールが届きます。

「登頂のチャンスは一七日と、二五日以降」

一七日。これは間に合わない。ダウラギリI峰のサミットプッシュは、C1、C2、C3と、三日かけて押し上げ、四日目に頂上に到達して戻ってくる行程です。一七日に山頂に立つためには、いま頃はC1に向かっていなければならない。

次のチャンスまで、私たちは一〇日以上待たなければなりませんでした。その間に、サミットプッシュに出て行ったチームが続々と戻ってきます。しかし、頂上に立てたのは、一四人中三人だけ。上部の天候は、荒れていました。時期を考えれば、どんどん暖かくなり、氷河の崩壊も進む。BCに残っていた登山隊の中にも、今年は無理だと判断し、登頂をあきらめて撤退する人たちが出始めた。

BCで待機している間、私は日々の様子をブログで配信していました。ヒマラヤ登山を、〝観戦できるスポーツ〟として広めるためです。私自身はGPS（サテライトメッセンジャー）を付けていました。いま、どのあたりを登っているのかを、リアルタイムで観客に伝えたかったからです。これはおそらくヒマラヤ登山では初の試みでしょう。

二二日、午前三時三〇分。猪熊さんからメールが入ります。内容は、二五日のサミットプッシュについて。「GO」ならば、すぐに出発できるよう、私も中島さんも身支度は整えています。が、書かれていたのは、「今日の出発はナシにしましょう」という結論。二五日は七〇〇〇メートル以下では無風でも、七五〇〇メートルより上では相当な風が残る。無酸素ではリスクが大きいというのが「ナシ」の理由でした。

しかし、メッセージには「二六日のチャンスはまだ残されています」とも記されていました。その日が、もしかしたらラストチャンスかもしれない。

というのも、パーミッション（登山許可）には期限があります。五月三〇日までにBCを出なければ、追加料金を徴収される。サミットプッシュのチャンスが六月になり、そのチャンスを逸することがお金で解決できるなら、粘れるだけ粘ろうと考えてはいました。でも、気候が暖かくなってくれば、雪崩の危険が大きくなる。そのうえ、待っていれば必ずチャンスが訪れるという保証はない。

テントの中には、中島さんがつくったテルテル坊主がぶら下がっています。名前は「イノちゃん」。山の気象予測は、猪熊さんが頼り。私たちのサミットデーを割り出す頭脳は、日本にあるのです。

翌二三日、午前三時三〇分。猪熊さんからの定時連絡。祈るような気持ちでメールを開くと――。

「二六日がベストです。幸運を祈っています」

待ちに待ったゴーサイン。私と中島さんは、すぐに荷物を背負い、テントを出ます。そして、五色の旗が夜明け前の風になびくプジャの祭壇に祈りを捧げ、BCを後にする。一四座目へのサミットプッシュ。サンスクリット語で「白い山」を意味するダウラギリの稜線は、星空を背に、真っ暗なシルエットだけが浮かび上がっていました。

手が届いた一四番目の頂

BCを出たその日の昼頃にC1に入り、翌二四日の午後にはC2に到着。そこまでは順調でした。

しかし、二五日。朝七時にC2を出て、C3に向かいますが、中島さんの足が止まる。歩き出しても、いつものスピードが全然ない。順化が十分ではなかったのか、高度障害の症状が表れている。

六八〇〇メートル付近。私も足を止め、遅れている中島さんを待ちます。やっとのことで追いついた彼に、私は告げました。

「中島さん、C1まで下りなよ」

頂上に登って帰ってくることは、海の底にタッチして戻ってくるようなものだと書きました。その喩えで言えば、二人はすでに海の中を潜っている。潜っている間に体調が回復することは望めません。このまま登り続ければ、彼の状態がますます悪くなることは確実です。冷たいようですが、一緒には頂上を目指せない。弱い者に合わせていたら、山は登れないのです。

中島さんも、自分が登れる体調ではないことはわかっていたはずです。私たちはチームです。中島さんがここで引き返すことは、私が登頂するために選択すべきチームワークなのです。

「無事に戻ってきてください。必ず迎えに出ます」

こう言って、中島さんは下り始めました。何度も、何度も、後ろを振り返りながら……。

一人での登頂

パートナーがいなくなり、ここからは一人の登山。八〇〇〇メートル峰の頂上に一人で向かうのは、はじめての経験です。二人で分担していた荷物を、一人で背負わなければならないのはきついけれど、それもC3まで。サミットデーは、最低限の荷物だけを携えて、空身で登ればいい。

C3には一四時二〇分に到着。テントを設営すると、夕方から仮眠を取ります。酸素が少ない高所では、眠りも浅くなる。就寝という気分にはならない。寝袋の中で目を閉じ、なるべく動かないようにしてエネルギーの消耗を極力抑える。

私の計算では、C3から頂上へ登り、再びC3に帰ってくるまで一三時間。正午までに登頂し、日没前に戻ることを考えて逆算すると、二六日は午前一時三〇分には出発しなければならない。

午前〇時に起きて、ゆっくり身支度を始めます。超高所では、体の動きは緩慢になる。ゆっくりとしか動けません。それでも、朝はきちんと歯も磨く。酸素が少ないから、走った直後のようにハァハァ息をしながら磨く。

出発前に、衛星電話で猪熊さんと連絡を取ります。今日の天気の最終確認。「絶好の登頂日和です」という猪熊さんの言葉に励まされ、いよいよ出発。

吹いていた風が、少しずつおさまっていく。コンディションは上々でした。しかし、頂上までのルートは予想以上に登りにくい。すでに先に登頂したチームの足跡は消え、自分の足でラッセルして進まなければならない。空身なのに、スピードはかなり遅い。登頂を予定していた正午の時点で差し掛かっていた七八〇〇メートル付近では、まだ頂上は見えない。

少ない酸素の中で喘ぎながら歩いている私の横を、女性クライマーが追い抜いていきます。BCで顔を合わせていた、クレオというアメリカ人とシェルパの二人。ズンズン登っていく彼女たちは、酸素ボンベを使っている。

でも、目障りだとは思いませんでした。ラッセルしながらのペースでは、頂上にたどり着けない可能性が高かった。追い越して行ったクレオたちは、結果的にラッセルを代わってくれたことになったのです。

このまま登り続ければ、なんとか夕方には頂上に届くかもしれない。しかし、日没までにC3に帰ってくることはできない。その状況がわかっていても、登りたいという気持ちは揺るがなかった。

登る。それが私の判断でした。クレオたちがラッセルしてくれたおかげで、少しはスピードも上がったように感じました。とはいえ、無理にペースを上げれば、体力も一気に消耗してしまう。できるだけ無駄なエネルギーを使わないよう、途中で立ち寝もしながら歩を進めて行く。

頂上稜線の手前まで来ると、待ち構えているのは大きなクーロワール。山の斜面に大きく切り込みを刻んだような岩溝のことで、深い溝は氷と雪で埋まっている。その入口で、頂上に到達して下山してきたクレオたちの姿が見えた。

「あと少しだから、頑張って」

すれ違いながら、クレオが声を掛けてくれます。このクーロワールを登り切れば、頂上へと続く稜線に出る。

氷の壁にアックスを打ち込み、しがみつくようによじ登る。前方に張り出した雪庇《せっぴ》が見えた。そこまで体を押し上げ、身を乗り出すと、視界の前にあったのは見覚えのある景色。出発前にラルフとガリンダがくれた、ダウラギリの山頂付近の写真と同じでした。

稜線の傾斜は緩やかです。しかし、立っていられないほどの強風が吹いている。飛ばされないように、頂上へと近づいて行く。大きな岩が見える。その岩のてっぺんがダウラギリI峰の頂上。でも、この風の中ではとても岩の上に立つことはできない。

岩の手前でカメラを取り出し、頂上の写真を一枚撮る。続いて動画を回したけれど、一〇秒程度の動画を録るのが精一杯。

岩陰に身を寄せ、風を避けながら衛星電話を取り出す。予定を大幅に遅れての登頂だから、中島さんや取材スタッフが心配しているに違いない。無事に山頂に着いたことを、一

ようやくたどり着いた山頂。自らの影が入り込むように撮影した

刻も早く報告しなければ。ところが、交信不能。

平地なら、何度かかけ直してみるところですが、山頂は長くいられる場所じゃない。おまけに、この強い風。交信は、風のないクーロワールまで下りてからでいい。それよりも、「早くここから立ち去らなきゃ」と、本能的に感じる。それが八〇〇〇メートル峰の頂。

下りる前に、一番高い岩のてっぺんを見上げる。風がなければ、よじ登って上に立つことができる。でも、今日は無理だな。私は目いっぱい手を伸ばし、岩のてっぺんにタッチした――。

苦しかった帰り道

クーロワールに下りてから、NHKの取材班に渡されていたトランシーバーがようやくつながり、BCに報告ができたのが午後五時五〇分。下山を始めてから、私の感覚では二〇分ほど経っていましたから、登頂時刻は五月二六日午後五時三〇分頃だと思われます。

この時点で、私はまだ14サミッターではありません。無事にBCまでたどり着いたとき、はじめてダウラギリI峰へのチャレンジは達成されたことになるのです。

BCまでは、もう一苦労ありました。日没までにファイナルキャンプに戻れないことはわかっていた。日が暮れたら、ヘッドランプの明かりで自分が登ってきた雪の上の足跡をたどり、C3まで下りるつもりでした。

ところが、七五二〇メートル付近で足跡を見失ってしまった。そこはC4をつくる登山隊のテントサイトの跡地。がれ場で雪がありません。登ってくるとき、この一帯は足跡が残らないと思ったので、自分では周辺の地形をしっかり記憶したつもりだった。しかし、日がすっかり暮れた闇の中で、ヘッドランプの光だけでは、見える地形と記憶とがなかなか結びつかない。ルートを捜していつまでもうろうろしていても、体力を消耗するだけです。私はビバーク（テントを使用しない野営）を決めました。

ビバークは登頂前から覚悟していました。それに、クライマーは登りながら、常にビバークできそうな場所をチェックしているものです。あわてる状況ではなかった。

しかし、七五二〇メートルの高さですから、野宿なんかできない。私は空身です。シュラフ（寝袋）も含めて荷物はすべてＣ３のテントの中。

ビバークすることを考えて、テルモスの中のスポーツドリンクは少し残しておきました。でも、飲もうとしたら凍っていて飲めない。夜の気温は氷点下二〇度以下です。チューブ入りの行動食もポケットに一本残しておきましたが、これも冷たくなっていて食べられたものじゃなかった。そうかといってテルモスも行動食も捨てるわけにはいかない。せっかく残しておいたのに、これでは重りを持ち歩くようなものです。

風を避けられそうな場所に腰掛けて、うつらうつらしても、寒さですぐに目が覚める。長い時間、じっとしていられない。歩き回っては風を避けられる場所を探し、まどろんでは寒さで目が覚め、また歩き出す。それを繰り返していると、ときどき地吹雪に見舞われる。寒さに耐えかねて、「バカヤロー」などと叫びながら、東の空が白んで来るのを待つしかなかった。

午前五時。夜明けとともに山を下ります。六時四〇分、なんとかＣ３にたどり着く。意識を失うように眠りに落ちる。それでもどうにか一刻も早く下山したいと思いながらテントを撤収し、下山を再開。標高が下がるほど、呼吸も楽になります。休むよりも、早く下りたほうがいい。歩き始めると、すぐに人影を発見します。私を迎えるために中島さんがC2から七〇〇〇メートル地点まで登って来てくれたのです。

そこからは、二人の体をロープでつないで下山。私は中島さんの後をふらふらしながら付いていく。まるで犬の散歩。

C1を過ぎて、五二〇〇メートル地点。両手を合わせ、山に命を懸けてきた先輩たちに、登頂の報告です。

「おかげさまで登ることができました。BCまでよろしくお願いします」

BCに着いたのは午後一〇時四〇分。待っていてくれた山の仲間たちから祝福を受け、コーラで乾杯。私のために、BCのスタッフの手づくりケーキが用意されているというサプライズもありました。

〈竹内さん　14座おめでとうございます〉

という、お祝いの文字がデコレーションされた美味しそうなケーキです。でも、とても食べられる状態じゃなかった。包丁でケーキカットだけさせてもらい、「明日食べるよ」と言って、私は眠りにつきました。

一四座完全登頂の実感は、ケーキと一緒に明日じっくり味わえばいい。そう思っていたのですが、翌朝テーブルの上を見ると、皿の上に取っておいた私のケーキがない！

こっそり食べちゃったのはヒマラヤの先住民たち。平地から食べ物が持ち込まれるキャンプサイトには、地面を掘って住んでいるマーモットが出没するのです。彼らはテントのキッチンから出る生ゴミの処理も手伝ってくれますが、ときには大事な食糧まで片付けてくれるのです。

〝いまさら〟達成した記録

帰国してから、私の一四座目の登頂がこれほど大きなニュースになっていたことは、正直言って驚きでした。「記録」は人々の関心を集め、「日本人初」の出来事は多くの人が喜んでくれる。そんな現実を再認識させられたように感じます。

しかし、「日本人初の14サミッター」は、〝いまさら〟の記録なのです。

山田昇さんが亡くなった一九八九年の時点では、14サミッターは世界で二人しかいなかった。もしも山田さんが日本人初の14サミッターになっていたら、それはたいへんな偉業だったことは間違いありません。

一方、私は「日本人初」ではありますが、世界では「二九人目」の14サミッターです。登山シーズンのヒマラヤに行けば、私の周りには一四座に登頂したクライマーがいっぱいいます。もはや14サミッターは、特別な存在でも、すごい人でもない。本当に、私は「いまさら一四座全登頂をしたクライマー」でしかないのです。

世界では〝いまさら〟になっていた記録を、これまで日本人が〝いまだに〟成し遂げられていなかったことが問題なのです。いわば、日本の登山にとって負の遺産であり、一四座全登頂をやり残してしまったがために、古い登山が残ってしまった……。私はそう考えています。

私の一四座全登頂達成について、「日本の登山の新しい扉を開いた」と言ってくれた人がいます。でも、違うのです。新しいステージへと続く扉は、とっくに開かれていた。開かれているのに、負の遺産を抱えているから、なかなか次のステージへと移行することができなかったのです。

現実に、日本の登山には古い体質と新しい価値観とが混在しています。古いものを否定するつもりはありませんが、道具と技術の関係と一緒で、逆戻りしても進歩は望めない。

ところが、扉が開けっ放しになっているから、日本の登山は古いステージと新しいステージとの間を行ったり来たりしている。その理由の一つが、返済できずにいる負債を古いステージに残してきているからだと思うのです。

私が14サミッターになったことで、日本の登山にとってプラスの財産が築かれたわけではなく、負債がチャラになったに過ぎない。そして、私にやれたことは、新しいステージへの扉を開くことではなく、古いステージに逆戻りしないように扉を閉めることでした。

自分の一四座登頂の過程を振り返ってみても、私は個人でつくるコンパクトな登山という新しいスタイルを求めたから届いたと感じています。もしも、古いスタイルの組織登山で一四座の八〇〇〇メートル峰をすべて登ろうとすれば、膨大なお金と時間と労力が必要になる。個人の意志よりも組織の任務が優先される仕組みでは、フレキシブルに計画を発展させることも不可能に近い。

二〇〇四年、私は一年で四座の八〇〇〇メートル峰に挑んでいます。敗退と中止はありましたが、一シーズンで二座の頂上に立つことができた。これはヒマラヤに行ってから、現地でラルフとガリンダに誘われて、自分の判断で予定を変更したから実現できたことなのです。

一四座全登頂という一つのテーマで考えれば、古い登山よりも、新しい登山のほうが達成の確率は高くなる。〝いまさら〟の記録ではありますが、後戻りせずに次のステージに行ったほうが登山はおもしろくなるということは、プロ登山家として示すことができたと私は感じています。

日本の登山は、これからどんどん新しくなる。少なくとも、新しくなっていける場所には立てている。新しい時代への流れを阻むような負債は、もう残っていないのですから——。

第六章 危険を回避する想像力

超高所に挑む登山家は、想像力で危険を回避する

「やりなさい」では、やらない

もっと多くの人に山の魅力を知ってほしいし、日本の登山人口がどんどん増えてくれることを、私は心から願っています。しかし、「おもしろいから山に登ってみましょう」と、自分の口から言うつもりはありません。

言えば、みんなが山に登るというのであれば、いくらでも言います。でも、山に関心を持っていない人にとって、登山はとっつきやすいスポーツや趣味ではない。

もっと根本的なことを言えば、人から「やりなさい」と勧められたことに、おもしろいと感じられるものはほとんどない、と私自身が思っているからです。

自分の子どもの頃を振り返ってみると、「これをやれ」と言われたことは、ほとんどやったためしがなかった。「体にいいから」とか、「将来きっと役に立つから」とか、いろいろな理由を付けて勧められますが、全然興味が湧かない。むしろ、「危ないからやっちゃダメ」と、大人たちから叱られるようなことを、こっそり隠れてやるほうが楽しかった。

いまも趣味にしている魚釣りも、子どもだけで行けば大人から注意されるような遊びでした。山が好きになったのも、「登りなさい」と言われて登り始めたのではなく、祖父に連れて行かれたスキーを通して、山で楽しく過ごすことのおもしろさを自分で感じ取ったからです。

趣味でも、勉強でも、仕事でも、自分から興味を持たなければ、おもしろさの本質に触れることはできない。私はそう思います。登山のおもしろさを知るきっかけも、人に言われたり、人から与えてもらったりしたのでは、自ら探し当てた喜びは得られない。まして、命令して山に登らせるなど、とんでもない話。

その「とんでもない状況」が、学校教育の現場では当たり前のように実践されている。遠足や林間学校などの一斉登山です。

私自身、林間学校の山登りでおもしろいと感じたことは一度もなかった。どんな山なのかもよく知らないまま連れて行かれ、登りたくないし、登るつもりもないのに、カリキュラムだから「義務」として登らされる。登らされた後で、一番強く残る山そのものへの印象は「つらい場所」です。そもそも引率している先生もが登らされている。

もしも小中学生時代に体験する登山が、自分たちで立てた計画のもとで行われるのだとしたら、生徒たちも山を登るおもしろさを感じることができるはずです。でも、何時に出発して、どこで小休止して、何時までに頂上に着いて、何時に下山して、何時までに帰ってくる。そのすべてが「言われた通りにやれ」では、自分で考えておもしろがる余地もない。

それは、子どもも大人も一緒です。たとえプロ登山家が勧めても、本人に「登りたい」という気持ちがなければ、山のおもしろさは伝わりません。

という理由で、山には登ってほしいのだけれども、「さあ、登りましょう!」などと私は言うつもりはないのです。

人はなぜ山に登るのか

私の生い立ちを雑誌の記事で読んだ人の中には、幼い頃の私が祖父の影響で山と出会ったことを知って、「自分の子どもも幼いうちに山へ連れて行きたい」と話した人がいました。でも、どうなんでしょう? それでお子さんが、山好きな人間になるのかどうか。

私にも二人の子どもがいます。どちらも男の子。長男はもうすぐ小学生、次男は二〇〇八年にブロード・ピークに登ったとき、頂上で誕生の知らせを聞いた子です。二人に「プロ登山家というのはね……」などと説明したことはありませんが、私がどんな仕事をしているのか、子どもなりに何となく理解はしているようです。

でも、子どもが「山に登りたい」と自分から言い出したことは一度もありません。人間には〝性分〟というものがあります。これは親の意思で曲げられるものではないし、曲げてはいけない。二人の子どもを見ていて、それはつくづく感じます。

私の長男は一歳になる前から一人で歩き始めました。ヨロヨロ歩くのが危なっかしくて、妻が手で支えると、その手を振り払って歩く。けれども、結局は転ぶ。妻が抱き起こそうとすると、その手を振り払って、自力で立ち上がって歩こうとする。

一方、一年ちょっと後に生まれた次男は、まったく違うのです。一歳になっても一人では歩けない。ようやく歩けるようになったと思ったら、ずっと妻の手を握って放さない。転んだら自分で立とうとはしない。同じ材料でつくられたであろう二人の息子なのに、まるっきり行動のパターンが違います。

二人ともまだ一歳前後のときの話ですから、生活環境や親の育て方でこれだけの違いが表れたとは考えられません。歳が離れているわけでもない。だとしたら、持って生まれた〝性分〟としか言いようがない。

そう思うと、私自身が高いところに登りたくなったり、知らない場所に行きたくなったりするのも、もともとそういう性分を持っていたと考えるほうが自然な気がします。

もちろん、祖父や、野外活動の指導員の桜井さんや、高校山岳部の棚井先生など、少年時代の自分に大きな影響を与えてくれた人はたくさんいます。しかし、もっと根っこの部分で、ヒマラヤ登山をしたくなるような性分を持って私は生まれてきたという気がするのです。

なぜ山に登るのか？　私には「そこに山があるからだ」と言ったマロリーのように格好いい答えは思い浮かばない。私が山に登りたくなるのは、「登りたいから仕方がない」ことなのです。

見える危険は回避できる

登山に出発する前に、必ず言われる言葉があります。

「気をつけてくださいね」

こちらの身を案じてくれる気持ちは、とてもありがたく感じます。でも、「征服」や「攻撃」のために戦争に行くわけじゃない。登山家は、自分が一番好きなことをしたくて山に登るのです。

山には「危険だ」というイメージが持たれます。実際に、山登りをしない人には危険な場所だし、山登りをする人でも、命を落とす事故は毎年のように起きている。私自身もエベレストでは意識不明に陥ったし、ガッシャブルムⅡ峰では一度死んだも同然。でも、危険だから山には登らないほうがいいという考え方は、正しくない。私はそう思っています。

他のスポーツに比べれば、登山は確かに「死」が身近に感じられます。だからと言って、クライマーたちは「死んでもいい」と思って登っているわけではない。危険というのは、見えやすいほど避けやすいのです。「死」を身近に感じられるからこそ、その「死」をいかに避け、安全に頂上までたどり着くか。それを考えるのが山登りです。

たとえば、ヒマラヤを登っていれば、いたるところにクレバス（裂け目）があります。目視できるものだけでなく、落とし穴のように突然足元が崩れて、その下に深い割れ目が出現することも珍しくない。私も落ちたことが何度もある。

しかし、氷河に裂け目が見えていなくても、そこにクレバスがあるということは、地形や気温などの条件から予測できます。だから危険性が高いと判断したときは、その場所を迂回したり、どうしても直進しなければならないときは、パートナー同士が体をロープでつないで落下防止の策を講じたりする。そういった、危険を回避する方法を選択しながら登って行くわけです。つまり、見方を変えれば、登山は危険が見えるゆえに安全を追求できるスポーツなのです。

実際に、登れないかもしれないという不安を抱えた状況では、絶対に突っ込んで行くことはありません。一四座目のダウラギリI峰のサミットプッシュで、日没までにファイナルキャンプに戻れないとわかりながら突っ込んでいったのにも、理由がある。それは、前年のチョー・オユーでもビバークしていたことがあったし、C2まで中島さんが迎えに出てくれるとわかっていたからです。あの判断は、私にとって困難な道ではあったけれど、決して危険な賭けではなかった。

高所というのは、不確定な要素がたくさんあるところです。気象条件だけでなく、ルートのコンディションや自分自身の体調まで含めて、どうなるかわからないことが多い。ダウラギリの頂上で衛星電話がつながらなくなったのも、はじめて経験したトラブルでした。だからこそ、登る前に自分でコントロールできることは、必ず一〇〇%の準備をしなければならない。〇・一%でも欠けたら登りません。

その一〇〇%に気づくのは、登頂を果たし、BCに戻って来てから振り返ったときなのですが、そこを目指して、いかにして安全な登山をつくり上げていくか。それが、超高所に挑む登山のおもしろさなのです。

街に潜む見えない危険

「見えにくい危険」というものもあると思います。「意識しない危険」と言ったほうがいいかもしれませんが、私たちの普段の生活の中にも、ひょっとしたら命に関わるような危険はたくさん潜んでいます。

でも、見えにくいから、避けにくい。街の中で暮らしていると、危険から自分の身を守る力が、あまり働かなくなってしまうような気もするのです。

少し山登りの話からは外れますが、昔から不可解に感じていた事故があります。登下校中の子どもたちの列に車が突っ込むという事故です。悲惨な出来事ですが、一向になくならない。毎年のようにどこかで発生している。なぜなんだろうと、私はずっと不思議に思っていた。

その疑問に対して、明快な答えを聞かせてくれた人がいます。埼玉県桶川市にある、いなほ保育園の北原和子さんです。

「並ばせるからいけないの。並んで歩けと言われたら、子どもたちは前の子の背中について行くことばかり考えるから、まわりに注意をしなくなるでしょ」

列からはみ出れば叱られてしまう。だから前の子の背中を見て、列を乱さないように歩くことに神経を集中し、その他の感覚がオフになってしまう。きちんと並んでいれば安全だと教えられているから、並んでいるときは道を走る車のことなどまったく気にしなくなる。

さらに、並んで歩いている子どもたちは、ドライバーの目には景色のように映る。子どもが一人で飛び出せば生き物だとすぐにわかるけれど、きれいな隊列は壁やガードレールと同じように見えてしまうから、ドライバーも気づくのが遅れる。人を轢《ひ》きそうになったときと、壁にぶつかりそうになったときとでは、ドライバーの反応も違うから、間に合わずに突っ込むのだと、北原さんは言うのです。

いなほ保育園というユニークな施設があると私に紹介してくれたのは、以前、私の話の聞き書きをまとめてくれた、作家の塩野米松《よねまつ》さんでした。塩野さんは、いなほ保育園を何度も取材して本も出している。私も興味が湧いたので見学に行ってみたら、最初はあっけにとられたものでした。

「いったいここは日本なのか?」と思うような広い野っ原が保育園の敷地。その中に古めかしいお堂のような建物があって、子どもたちは好き勝手に走り回って遊んでいる。子どもといっても、まだハイハイしている赤ん坊もいれば、フリースクールもあるから小中高生も交じっています。人だけでなく、牛や馬やニワトリやガチョウもいる。みんな室内でも屋外でも裸足。木登りしている子もいれば、泥んこまみれの子もいる。

ここではカリキュラムは一切なし。子どもたちを規則で管理せず、自分で考えて生きる力を育てるのが、この保育園の方針なのです。

一応、保育園らしく見えたのは、建物の一つの中にグランドピアノが置いてあったこと。そのピアノを北原さんが弾くと、子どもたちが「かずこーっ！」と叫びながら四方八方から集まって来て、歌って、踊って、ピアノが終わるとまたバラバラと散って行く。ここでは絶対に子どもたちを整列させたりしません。

野生の動物なら、危険が迫ったときはバラバラに逃げます。並んで前について同じ方向に逃げていたら、自分で自分の身は守れない。だから並ばせてはいけないのだと、北原さんは話していました。

実際にいなほ保育園の子どもたちを見ていると、自分の力で生きて行くたくましさを感じます。冬の暖房は屋外のたき火なのですが、まわりには柵《さく》もない。危ないから柵をつくって子どもが近づけないようにするのは管理する側の都合で、いなほ保育園の子どもたちは、火が熱くて触ったら危ないということをちゃんと知っているから、柵なんかいらない。

スタジオジブリもいなほ保育園のことをよく取材していて、作品の中で子どもを描写するときに、ここの子どもたちを参考にするのだそうです。その話を聞いた後で、スタジオジブリのアニメ作品を何本か観てみたら、たしかに主人公が裸足で外を駆け回るシーンなどは、いなほ保育園の子どもたちの様子とダブってきます。

現代人の危険に対する感覚ということで言えば、他者から管理されることによって、察知したり、回避したりする力が使われなくなってしまうこともあるのではないか……。ヒマラヤの高所での生活と、東京の街での生活とを交互に繰り返していると、ときにはそんな考えが頭の中をよぎったりもします。

平地では鍛えられない

「プロ登山家は、山に登らないときはどんなトレーニングをしているのですか?」

よくこんな質問を受けます。毎日ランニングをしたり、スポーツジムに通ったりしていると思われたのかもしれませんが、私はこう答えます。

「とくに何もしていません」

本当に、何もしていないのです。「できない」と言ったほうが正確でしょうか。

たとえば、マラソン選手なら長距離を走ることがトレーニングになる。水泳選手なら泳ぐことがトレーニングになる。同じ理屈で、登山家のトレーニングも山に登ることが一番のトレーニングなのです。

これはあくまでも私個人の話で、登山家の中にもランニングをしたり、筋トレをする人はいるでしょう。しかし、速く走るための筋肉や、重いウエイトを持ち上げたりするための筋肉は、山登りには必要ありません。山では重い荷物を背負いはしますが、一度背負ってしまえば、あとは重心で支えて歩ければいい。

とくに私の場合は高所登山ですから、筋肉はむしろできるだけ少ないほうがいい。筋量が増えれば体重が重くなるし、酸素の消費量も多くなる。低酸素の高所では、体についた不要な筋肉は酸素をムダ使いするので、使い道のない荷物を持っていることと変わらない。

高所登山のトレーニングは、高所を登ることなのです。それを何年も続けて来た結果、自分の体は高所登山に適した体になったと私は感じています。少し前に心肺機能の測定をしたら、肺活量などはごく普通のレベルでした。

私の体を自動車にたとえれば、燃費のいい高性能のエンジンを積んでいるわけではなく、大衆車の当たり前のエンジンを積んでいるのです。そのエンジンで高所を走っているうちに、低酸素の環境でも失速しないで走れるように、車体が変化していった。

以前、宮大工の職人さんに話を聞いたことがありました。見習いの時期は、一日中ノコギリが挽《ひ》けたり、一日中カンナを掛けられたりするように仕込まれるのだそうです。その体は、筋トレなんかではつくれない。とにかく一日中ノコギリを引かせていれば、それができる体になる。一日中カンナを掛けさせていれば、それができる体になる。余計な筋肉がつくことなく、必要な筋肉が備わることによって、一つの作業に特化した体ができあがる。そこから一人前の宮大工としての技が叩き込まれるのだといいます。

私の体も、高所登山に必要のない筋肉や機能は、高所登山によって省かれていったのです。それを実感する出来事が、二〇一二年七月八日にありました。

東京ドームで行われたプロ野球の巨人―阪神戦。私は始球式に呼ばれました。一四座全登頂を果たした記念みたいなものです。私は丸いものを投げるのは嫌いだと言ったのに、それでもやって欲しいというから、ふざけ半分で引き受けた。

ところが、当日に東京ドームへ行ってみたら、ふざけている場合じゃない。客席は満員。

四万五〇〇〇人近い観衆が見ている中で投げなきゃいけないのかと思っていたら、球団職員の人に「テレビ放送もありますから」と、さらにプレッシャーを掛けられる。

　控え室に連れて行かれると、ジャイアンツのユニフォームが用意されていて、プロのフィッターさんが衣装合わせをしてくれる。事前に洋服のサイズを聞かれたことを思い出し、見ると背中に「TAKEUCHI」と刺繡《ししゅう》された特注のユニフォーム。背番号は「8000」。さすがに「14」は背負えない。大投手の永久欠番。いくら野球を知らない私でも、沢村栄治の名前くらいは知っています。

　これは真剣にやらなきゃ申し訳ないと思いながらも、グローブとボールを手渡されてキョトンとしていると、フィッターさんが「いいですか、ボールは右手で、グローブは左手ですから」と言いながら、シャドーピッチングで投げ方を教えてくれる。その動作が、私が知っているものの投げ方とは全然違う。

　見よう見まねでやっていたら、「では、ブルペンで練習してください」と言われ、そこに行ったらピッチングコーチと若いピッチャーが待っていた。後で聞いたら、それが内海選手で、エースが直々に投げ方を伝授してくれたのですが、投げたボールはどこへ飛んで行くかわからない。それ以前にキャッチャーまで届かない。

一二、三球くらい練習して、「さあ、本番です」と言われて、いざマウンドへ。大観衆の前でキャッチャーの阿部選手に向かって投げたら、ストライクではなかったけれど、ボールはどうにかノーバウンドでミットに収まりました。

始球式の大役はなんとか果たしましたが、たいへんだったのは翌日です。もう、ひどい筋肉痛で、お箸も握れなかった。おそらく、私の体は高所登山をするために都合のいいようにつくり上げられ、その結果、「ボールを投げる」という能力は淘汰されてしまったのだと思います。

課題はまっすぐ歩くこと

肉体的なトレーニングはしませんが、歩き方は普段から気にしています。なにもファッションモデルのように美しく歩こうとしているわけではありません。できるだけ、まっすぐ歩く。外を歩くときでも、家の中を歩くときでも、それを意識しています。

マラソンの選手も同じようなことを話していましたが、右足と左足を同じように動かすことは、当たり前のようで、じつは多くの人ができていない。

つま先の角度が外を向いていたり、内に向いていたりすると、進行方向に対して使われるべきエネルギーがロスする。明確な根拠に基づいているわけではありませんが、まっすぐ前に進むという運動にとっては、効率的ではなくなる気がするのです。

感覚としては、一本の平均台の上を歩くのではなく、二本の幅の狭い線路の上を、つま先が左右に振れないように、まっすぐ歩く。体のバランスを崩しながらではダメです。体勢が傾いたりすると、元に戻そうとして、そこでエネルギーを使ってしまう。常に体の軸を一定に保ちながら、まっすぐ歩くのです。

そして、地面と足との摩擦を最小限に抑える。地面をこするように着地したり、地面を後ろに蹴り上げるように足を上げたりすると、そのたびにブレーキがかかります。私が理想としているのは、浮かせるように上げた足を、地面ギリギリの高さでまっすぐ前に出し、足の裏全体をフッと地面に置くような歩き方。イメージとしては弾み車のように、カラカラカラカラとムラのない回転で前に進んでいく。それがもっともエネルギーを効率的に使える歩き方だと考えています。

ヒマラヤ登山では、登り始めてから頂上を通って下りてくるまでに、何歩かかるか。数えたことはありませんが、ものすごい歩数になるはずです。その一歩一歩にエネルギーのロスがあったり、ブレーキがかかったりしていれば、結果的に相当な体力の消耗になります。

ダウラギリI峰に登ったときも、雪の上に残った足跡を見ると、私と中島さんとでは違っていました。同じなだらかな場所を歩いていても、私の足跡はクランポン（アイゼン）が刺さったかたちのまま雪に穴が空いていますが、中島さんの足跡にはスクラッチして穴をえぐったような跡が残っていた。

足跡を二人で見比べながら、その歩き方だとブレーキがかかってエネルギーを消耗するから、できるだけスクラッチしないように歩いたほうがいいという話もしました。すると中島さんは、私の歩き方は独特だから、遠くから見ていてもひと目でわかる、と。

現実的なことを言えば、足と地面との摩擦をゼロにして歩くことは不可能です。一歩一歩、足を下ろす場所の傾斜は微妙に違いますから、同じ歩調であれば必ず摩擦は生じる。でも、一歩一歩を傾斜に合わせて地面にフッと置くような歩き方を心掛けていれば、わずかでも摩擦は減らせると思うのです。

それは体感できるような次元の話ではありません。しかし、八〇〇〇メートルを超える高さまで歩いて往復することを思えば、その技術で少しは他のクライマーたちよりも楽に登れるようになるかもしれない。そんなふうに考えながら、平地でも「まっすぐ歩こう」

という意識で一歩一歩を大事に歩いています。

私は人並み外れた心肺機能や運動能力を持っているわけじゃない。困難な挑戦を成し遂げようと思ったら、自分の体をどう使えば気づいていない力を引き出せるのか、それを探り当てていくしかないのです。

経験は積み重ねず、並べるもの

現在の登山、とくに私がやっているような高所登山は〝想像のスポーツ〟です。たくさん想像したほうが、たくさん楽しめる。登山家は、山という大いなる自然の中で、想像力の競争をしていると言ってもいい。

誰でも簡単に登れる坂道なら、登ってみたいという欲求は湧いてこない。登れそうもない斜面だったり、まだ誰も登ったことがない場所だったりするから、「その先へ行ってみたい」という好奇心が刺激され、挑戦する意欲が呼び起こされる。それが山登りの〝原点〟だという気がします。

そして、実際にさまざまな想像が繰り返されてきました。想像することによって、登れなかった場所を登るための道具が考え出され、また、頂上までのいろいろなルートが開拓されてきた。

できなかったことができるようになれば、より難しい課題や、より高度なテーマに向かって、想像はさらに膨らんでいきます。いかに多方向に、いかに多重に想像できるか。その競争が「山に登る」という行為の中にスポーツの要素をもたらし、いま私がやっているようなコンパクトでスピードのあるスタイルに行き着いた理由だと思うのです。

リアリティのある想像は、経験の中からしか生まれません。その意味で経験は非常に大事なものですが、想像なくしてヒマラヤの山は登れない。経験だけで挑み、仮に登れたとしても、それではちっともおもしろくないはずです。

たとえば、単純作業を繰り返すような場合であれば、経験はとても重要になってきます。経験を重ねれば重ねるほど、上手くなったり、速くなったりもする。

しかし、山はそうではない。同じ登山というのは、二つとない。一度登れた山だからといって、二度目も確実に登れるという話には絶対になりません。条件も違ってくるし、自分自身のコンディションによっても違ってくるし、パートナーによっても違ってくる。登山というのは、毎回が初回なのです。

だから経験は「知識」にはなるけれど、あまり役には立たない。経験を積み重ねれば積み重ねるほど、むしろ登山はつまらなくなってしまうとさえ私は感じています。

経験を積み木のように重ねて行けば、どんどん高くなります。その結果、ゼロから始めていたことが、たとえば一〇の高さからスタートできるようになる。それは、想像する楽しみが減ってしまうだけでなく、非常に危険なことでもあります。

何が起こるかわからないから、何が起こっても対処できるように想像して山に登るのです。最初から一〇の経験を持ち込んで山に登れば、その部分には想像が入る余地がなくなる。ところが待ち構えているのは、過去に経験した状況とは異なる状況です。経験に従って登ることは、現場で判断を下して行動するのではなく、マニュアル通りに行動するようなものです。

私にとっての経験とは、積み重ねるものではなく、並べるものなのです。経験が増えれば増えるほど、数多くのディテールが知識となって記憶にインプットされます。そのディテールとディテールとの隙間を埋めていく作業が〝想像〟です。だから、経験の積み木のすべてが見渡せるように、テーブルの上に広げておく。そして、並べてある位置を移動させたり、順番を入れ替えたりしながら、隙間を埋め尽くすほど想像を膨らませていくわけです。

たとえば、急峻な氷壁を越えなければならないような場面。「どうやったら安全に効率よく登れるか？」という選択肢を一〇〇通り想像できていたとします。ところが、一歩踏み出した瞬間に選択肢は半分くらいに減り、三歩、四歩と進むうちに、選択肢はどんどん消去されていきます。消去されたら、そこで再び想像し、選択肢を増やしていく。そうやって前に進んでいくことが、山頂に向かって自分を押し上げるという行為なのです。

経験に頼るのではなく、想像を広げながら登るからこそ、新しいことも見えてくる。想像できることが多ければ多いほど、登山はおもしろくなり、危険も回避できる。想像を楽しむために、まともに呼吸もできないつらさが待っているのを承知で、私は超高所の頂を目指し、下りてくるのです。

一四座の八〇〇〇メートル峰のすべてに登頂したからといって、その経験で自分の山登りが変わるわけではない。次に登る山、その次に登る山、そして、この先に私が体験する登山のすべては、いつもゼロからスタートするのです――。

エピローグ――一四座の先にあるもの

まだまだ伝えきれていない

二〇一二年八月一七日。私はブログを閉鎖しました。このブログは二〇〇七年三月に「14プロジェクト」の報告のために立ち上げたものです。ダウラギリI峰登頂によって、プロジェクトは完了したわけですから、一度はクローズしなければならなかった。

一四座全登頂を果たしたことで、マスコミの取材や講演など、多くの人たちに高所登山の魅力を伝える機会に恵まれました。本書の出版も、私が一四座に登っていなければ企画にも上らなかったはずです。

しかし、プロジェクトが完了したからといって、私の登山が完結したわけではない。また、地球上にある無数の山のうちわずか一四座に登っただけで、登山の魅力が十分に伝え切れるとも私は思っていません。

私にとって、すでに一四座完全登頂は過去の出来事です。

「一四座」や「八〇〇〇メートル」という数字は、高所登山というものを説明する上では、とても便利なものです。が、その数字には、じつはたいした意味はない。

そもそも地球の上には無数の出っ張りがあります。メートル法を使う国の人たちにとって、たまたま八〇〇〇メートルを超える出っ張りが一四コあったというだけの話。一四座が特別な山というのは、人間が勝手につくり上げた幻想みたいなもので、そのすべてを登ったからといって、山の魅力を知り尽くしたことには絶対にならない。

もちろん、一四座は一つ一つが素晴らしい魅力に満ちあふれています。でも、山の魅力は標高で決まるわけではない。頂が八〇〇〇メートルに届かなくても、地球上には素晴らしい山や難しい山が数えきれないほどある。

14サミッターになり、山の魅力をいろいろな人たちに伝えながら、私はこう感じます。

「まだまだ伝えきれていない」

そして、こうも感じるのです。

「もっともっと伝えたい」

そのためには、私自身が「一四座の先にあるもの」を追いかけ、そこで知り得た新たな魅力を発信し続けていかなければならない。ブログの一時閉鎖はその区切りであり、約三カ月後にブログを再開したことは、一四座の先に向かって私が歩き始めたということなのです。

挑戦は終わらない

一四座の先には何があるのか？　じつは、八〇〇〇メートルを超える地球上の出っ張りは、一七あります。ただし、一座の八〇〇〇メートル峰にあるもう一つの頂なので、その出っ張りは「山」としては数えられていない。14サミッターの中には、一七の頂を次の目標に掲げた人もいましたが、私はあまり興味がない。

一四座の後に、七大陸最高峰登頂や、南北両極点到達に挑戦した人もいましたが、これも私は興味がない。私の興味は楽しく山に登ることであって、記録ではないからです。

では、次はどの山に登るのか？　ダウラギリI峰から戻ってきてから、散々浴びせられた質問ですが、登りたい山がたくさんあり過ぎて困っています。もともと一四座完全登頂を目標にして山に登り始めたわけではないから、八〇〇〇メートル峰へのこだわりも私の気持ちの中にはない。一度登った八〇〇〇メートル峰を、別なルートで登ってみたいとも思うし、まだ誰も登ったことがない未踏峰に挑戦したいとも思う。

ヒマラヤには、まだ誰も登ったことがない山がいくつも残っています。中には番号だけで呼ばれていて、名前すらついていない山もある。いまでも政治的にクローズになっているエリアはたくさんあります。

ヒマラヤは登山という視点では地球の出っ張りですが、政治的には領土だったり国境線だったりします。その影響で、昔からヒマラヤ登山は政治に翻弄《ほんろう》されてきました。

二〇〇八年の北京オリンピックのときも、シーズンの最初にエベレストに登頂するのは聖火リレー登山隊だと中国政府が決め、その前にはチベット側から誰も登れなくなってしまった。登山者はネパール側に殺到しましたが、ネパールにも中国の圧力がかかり、聖火リレー登山隊が登頂するまで登山隊はＣ２から上には行けないという事態になった。

そういう政治的な駆け引きに左右される状況の中で、ヒマラヤ登山は続けられてきた歴史があるのです。

これは半分おとぎ話ですが、自分がプロ登山家である間に、それまで誰も登れなかった山がオープンになる可能性がないとは言えない。もしも、その山に最初に登頂することができれば、測量しかされていなかった単なる地球の出っ張りに、自分がはじめて個性をつけ加えることになる。

そんな〝想像〟ができるのも、高所登山の魅力の一つです。一四座の先に、自分がどれだけ夢を描き、その夢をどれだけ〝現実〟に変えていくことができるか。想像しただけでワクワクしてきます。

私の山登りは、私にしかできないことではありません。山への興味と、山に登ることへの覚悟があれば、誰にでもできるということは、本書で伝えることができたのではないかと思っています。そして、高所登山のおもしろさを知り、その魅力を伝えようとするクライマーが、一人でも多く日本から海外を目指してほしい。それが私の願いです。

一四座に登った竹内洋岳という人間ではなく、一四座を含めた魅力ある高所登山に関心が集まり、登る人、観る人、応援する人が増えていく――それが〝プロ登山家〟としての私がやるべき仕事であり、一四座の先に見えている頂上の風景なのです。

あとがき

『登山の哲学』というタイトルを編集者の粕谷さんから提案された際には、まずお断りをいたしました。

そもそも「登山」というのは非常に大雑把な総称で、本来、その中には一つ一つの種目があります。私がやっているのは、その中でも特に偏った「高所登山」という一種目です。それをもって「登山」とし、さらに長い歴史の中で探求され続けている崇高な学問でもある「哲学」とを、「の」の一文字でくっつけることには、正直すこし無理があると感じたからです。

そこで私からは、「せめて『登山の哲学風味』くらいにしませんか？」と提案しましたが、粕谷さんはニコリともせず、まったく取り合ってくれませんでした。

本は、書く者が勝手に書くわけではなく、編集者など多くの人たちと共に作り上げていくものです。タイトルの選定を始めとしたことは、私がプロの登山家として登山をしてきたように、編集のプロに任せるべきことかもしれません。彼の意志の強さに、編集者としてのプロ根性を垣間見たように感じます。

人は、それぞれの想いをもって山に向かうのだから、人それぞれの登山があるはずです。この本の中に、「登山」を見出すのも「哲学」を見出すのも、この本を手に取り、読んでくださる皆さま次第だと思います。読者の皆さまが、この本に「登山」と「哲学」を見出してくださったとき、この本ははじめて完成するのかもしれません。


これまでに出会った多くの人の一人でも欠けていたら、私はこれまで登山を続けてくることはできなかったと思います。その方々の名前を列記するだけでも、一冊の本になるのではないかと思いますが、本書の中では、ごく一部の方々しか紹介できませんでした。

その本一冊分にもなろうかという皆さまには、これまで私の登山を支え、導いて下さったことを、改めてここに厚く御礼を申し上げるとともに、これからも、私がどこまで登山を続けて行くことができるのかを、見届けていただきたいと思います。

また、本書を出版という頂に導いてくださった、粕谷昭大さまと伴田薫さまには、深い感謝だけでなく、山のように高い崇めをもってお礼を申し上げたいと思います。

二〇一三年四月　　竹内洋岳

編集協力　伴田薫
校閲　鷗来堂
DTP　岸本つよし
図表作成　原清人
写真提供　中島ケンロウ
（p.23、p.86、p.149、p.177）
14PROJECT事務局
（p.53、p.83、p.101、p.121、p.124、p.168）

竹内洋岳 たけうち・ひろたか
1971年、東京都生まれ。
ハニーコミュニケーションズ所属プロ登山家。立正大学客員教授。
95年、未踏の東稜ルートからマカルー(8463m)に挑み、
はじめて8000m峰の頂に立つ。
01年以降は、各国のクライマーと少人数の登山隊を編成し、
酸素ボンベやシェルパを使用しない速攻登山を中心に
数々の8000m峰に挑戦。
07年、ガッシャブルムII峰(8035m)の雪崩で腰椎骨折や片肺破裂の
重症を負うが、奇跡的に一命を取りとめ、翌年には同山の頂に立つ。
12年にダウラギリI峰(8167m)の登頂に成功し、
日本人初の8000m峰全14座完全登頂を果たす。
第17回植村直己冒険賞受賞。

NHK出版新書 407

標高8000メートルを生き抜く
登山の哲学

2013年5月10日　第1刷発行
2022年1月15日　第7刷発行

著者　竹内洋岳
発行者　土井成紀
発行所　NHK出版
〒150-8081東京都渋谷区宇田川町41-1
電話 (0570)009-321(問い合わせ) (0570) 000-321(注文)
http://www.nhk-book.co.jp (ホームページ)
振替 00110-1-49701

ブックデザイン　albireo
印刷　大日本印刷・近代美術
製本　大日本印刷

Printed in Japan ISBN978-4-14-088407-2 C0295

NHK出版新書好評既刊

いのちを守る気象情報
斉田季実治
台風、大雨、地震など8つの大きな自然災害について、その基本メカニズムや予報・警報の見方、そしてそれをどう実際の行動に結びつけるかを徹底解説。
404

憲法の創造力
木村草太
憲法の原理からどう良きルールを創造すべきなのか。君が代斉唱、一票の格差、9条などホットな憲法問題を題材に考察する実践的憲法入門書。
405

政治の終焉
御厨 貴
松原隆一郎
政党政治はなぜかくも空洞化したのか。「改革」幻想の20年間を検証し、コミュニティ再構築から真の保守のありかたまで、喫緊の課題を徹底討議!
406

標高8000メートルを生き抜く
登山の哲学
竹内洋岳
日本人初の8000m峰全14座完頂を果たした登山家が、病弱だった少年時代からの歩みを辿りながら、難局を乗り越えるための哲学を明かす。
407

クリエイティブ喧嘩術
大友啓史
大河ドラマ『龍馬伝』で史上最年少の演出チーフを務め、その後もヒット作を立て続けに手掛ける映画監督が明かす常識破りの仕事術!
408